Emma Graf

Rahel Varnhagen und die Romantik

DOGMA

Emma Graf

Rahel Varnhagen und die Romantik

ISBN/EAN: 9783955078256

Auflage: 1

Erscheinungsjahr: 2013

Erscheinungsort: Bremen, Deutschland

© *DOGMA in Europäischer Hochschulverlag GmbH & Co KG, Fahrenheitstr. 1, 28359 Bremen (www.dogma.de). Alle Rechte beim Verlag und bei den jeweiligen Lizenzgebern.*

Rahel Varnhagen

und die Romantik

Von

Dr. Emma Graf

BERLIN

Verlag von Emil Felber

1903

Inhaltsverzeichnis.

Seite

Einleitung 1

I. Innere Beziehungen zur Romantik.

Individualismus 3

Politik 23

Religion 35

Literatur 52

II. Persönliche Beziehungen zur Romantik.

Friedr. Schlegel S. 74, Aug. Wilh. Schlegel S. 81, Ludwig
Tieck S. 82, Clemens Brentano S. 84, Bettina von Arnim
S. 95, Fouqué S. 98.

Schluss 105

Verzeichnis der Abkürzungen.

G. v. B. = Galerie von Bildnissen aus Rahels Umgang und Briefwechsel. Herausgegeben von Varnhagen von Ense.
Leipzig 1836.

V. D. = Denkwürdigkeiten u. vermischte Schriften von K. A. Varnhagen von Ense. Leipzig 1859.

B. R. = Rahel. Ein Buch des Andenkens für ihre Freunde.
Berlin 1834.

B. v. Ch. = Briefe von Chamisso, Gneisenau, Haugwitz, Wilhelm
von Humboldt usw. Leipzig 1867.

B. V. u. R. = Briefwechsel zwischen Varnhagen und Rahel. Leipzig 1874.

M. F. Schl. = Minor, Friedr. Schlegel 1794—1802. Seine prosaischen
Jugendschriften. Wien 1882.

H. R. = Haym, Die romantische Schule. Berlin 1870.

B. G. u. M. = Briefwechsel zwischen Friedr. Gentz und Adam Heinrich
Müller 1800—1829. Stuttgart 1857.

R. ü. R. = Über die Religion. Reden an die Gebildeten unter
ihren Verächtern von Schleiermacher. 3. Ausgabe.
Berlin 1821.

P. J. D. = Prölss, Das junge Deutschland. Stuttgart 1892.

A. D. B. = Allgemeine Deutsche Biographie.

Sch.-W. = Eduard Schmidt-Weissenfels, Rahel und ihre Zeit
Leipzig 1857.

Steig = Reinhold Steig, Achim von Arnim und Clemens Brentano.
Stuttgart 1894.

Einleitung.

Rahel Varnhagen von Ense hat manche Feder zur Tätigkeit gereizt. Zeitgenossen von grosser schriftstellerischer Bedeutung, wie Gutzkow und Mundt, versuchten in lobpreisenden Essays das Bild der interessanten Frau festzuhalten. Später ist das in Menge zur Verfügung stehende Briefmaterial zu grösseren geschlossenen Arbeiten verwendet worden. Sämtliche Darstellungen bemühten sich, einen Totaleindruck von Rahel zu geben, indem sie möglichst alle Seiten ihres Charakters beleuchteten; oder sie stellten sie als Mittelpunkt in den Rahmen der reichen und bewegten Zeit, von der sie lebte, ihre Beziehungen zu den Strömungen auf allen Gebieten des damaligen geistigen Lebens andeutend. Auf diese Weise entstand nun allerdings ein Totalbild, aber von so grossen, allgemeinen Zügen, dass keine Seite ihres komplizierten Innern recht klar und deutlich hervortritt. Mundt nennt sie den „mitempfindenden Nerv ihrer Zeit" und mit Recht. Was die Zeit bewegte, bewegte auch sie. Aufklärung, Klassizismus, Romantik, Jungdeutschlands soziale Ideen, alles hat auf sie eingewirkt, alles gestaltete sich in ihr zur eigentümlichsten Gedankenwelt. Wie sie aber zu jeder einzelnen der angeführten geistigen Strömungen stand, wie die begeisterte Goetheverehrerin die romantischen Tendenzen zur Weltanschauung Jungdeutschlands verarbeitete, darüber fehlen genaue Studien.

Meine Untersuchung bezweckt, Rahels Verhältnis zur Romantik klar zu legen. Dass sie mächtig erfasst wurde von dem neuen Geiste, der die ruhevollen Wipfel des

Klassizismus durchschüttelte, geht aus ihrem Briefwechsel deutlich hervor. „Sie sind die Romantik selbst; Sie waren es, ehe das Wort erfunden wurde",[1] so schrieb Gentz im Jahre 1830 an sie. Dieses Wort des romantischen Politikers hat seine Berechtigung, wenn es auch nicht durchaus richtig ist. Rahel war in gewissem Sinn eine Verkörperung der Romantik, obschon nicht in so hohem Masse, wie Bettina. Sie war mit dieser, mit Karoline Schlegel u. a. ein Produkt jener Zeit, in der die romantischen Tendenzen das Weib von der Fessel der Konvenienz lösten und es im Genuss und im Wirken an die Seite des Mannes stellten. Sie stand im persönlichen und brieflichen Verkehr mit den Hauptvertretern der Romantik. Sie war tief beeinflusst von deren Ideen; dies zeigt sich namentlich in ihrem Individualismus. Dass sie aber keine blosse Nachbeterin der Romantiker war, ist selbstverständlich für jeden, der ihre Abneigung gegen alles äusserliche Sichaneignen fremder Meinungen, ihr Streben nach Originalität kennt. „Keine Begeisterung muss anwehen von aussen, sie muss aufglühen von dem heiligen Opferherd unseres eigenen Gemüts. Auf das Selbstdenken kommt alles an."[2] So äusserte sie sich dem jungen Brinkmann gegenüber, ihn auffordernd, alle Vorurteile abzuschütteln und selbständig zu werden. Rahel hat daher nie einseitig den romantischen Tendenzen gehuldigt. Was sie sich davon zu eigen gemacht, und wie sie das Erworbene ihrem Naturell entsprechend modifiziert hat, will die folgende Arbeit dartun. Neben diesen inneren, ideellen Beziehungen zur Romantik soll auch Rahels persönliches Verhältnis zu den Hauptvertretern der Richtung festgestellt werden.

---

[1] G. v. B. (vgl. Verzeichnis der Abkürzungen), S. 251.
[2] V. D. VIII, 646.

I. Innere Beziehungen zur Romantik.

Individualismus.

Aus der Sturm- und Drangperiode der deuschen Literatur ist der Individualismus hinübergewachsen in den Klassizismus. Nachdem Goethe und Schiller den Trieb nach ungehemmter Lebensäusserung, die Freude an den kraftüberströmenden Gestalten ihrer Phantasie, denen die Welt für ihre Taten zu eng war, längst überwunden hatten, stand immer noch im Mittelpunkt ihres Interesses das einzelne Individuum. Noch immer kam für sie die Allgemeinheit in zweiter Linie. Der einzelne und sein Leben und Streben war ihnen die Hauptsache, die Gesellschaft trat in den Hintergrund. Wilh. v. Humboldt empfindet den Staat als notwendiges Übel. Schiller will in seinen „Briefen über die ästhetische Erziehung des Menschen" dartun, dass es unmöglich sei, den von der französischen Revolution gewollten Vernunftstaat zu gründen, bevor der einzelne durch die Kunst ein höheres Niveau erlangt habe. Erst nach der Erziehung der Individuen zu höherer Sittlichkeit kann nach ihm von einer höheren Staatsform die Rede sein. In Goethes Meister wird des Staates kaum Erwähnung getan. Vor dem Privatleben der einzelnen tritt die Öffentlichkeit zurück. Kurz, durch die ganze Epoche der Hochblüte des Klassizismus geht ein scharf ausgeprägter individualistischer Zug. Allein es ist nicht mehr der Individualismus von Sturm und Drang. Das Individuum strebt mit seinen Kräften nicht mehr ins Ungeheure und Ungemessene, sondern es sucht sie in harmonischen Einklang zu bringen mit der Aussenwelt.

Tasso geht zu Grunde, weil er das nicht kann, Wilhelm Meister will die Lebenskunst lernen. Nicht mehr der Titan, sondern die schöne Seele ist das Ideal. Der Schritt von diesem gemilderten, veredelten Individualismus zum Altruismus ist nicht gross. Goethe hat ihn getan in den Wanderjahren und im zweiten Teil des Faust.

Da erstand neben dem Klassizismus eine neue, extreme Form des Individualismus in der Romantik; ihr Begründer war Fichte. Er machte das Ich zum Schöpfer der Welt. Das Universum ist ein Werk des Ich, von ihm als Widerstand gesetzt, damit es seine Energie daran erproben könne. Das Ich in seinem Tatendrang schafft und zerstört die Dinge. Mit Enthusiasmus bemächtigten sich die jungen Romantiker dieser Theorie und setzten sie in Kunst und Leben um. In ihrer Kunst erstand daraus die souveräne Willkür, mit der sie ihre Werke schufen, in ihrem Leben die Verachtung des Hergebrachten. Das über der Aussenwelt als Schöpfer stehende Ich hatte in ihren Augen das Recht, Sitte und Moral umzuschaffen, wenn es ihm beliebte. So kamen sie zu einem philosophisch begründeten, extremen Individualismus, der in scharfen Gegensatz trat zu dem Bestehenden.

Rahels innere Verwandtschaft mit der Romantik drückt sich am prägnantesten aus in ihrem Individualismus, der, namentlich in ihrer Jugend, wenig mit dem klassischen, alles mit dem romantischen Individualismus gemein hat. Denn auch sie tritt in scharfen Gegensatz zur Wirklichkeit, der sie sich nicht anpassen will. Sie ist durchaus ein Kind der Fichteschen Epoche der Romantik, in der die jungen Dichter, berauscht durch die Lehre von der Souveränität des Ich, in ihrem Leben und in ihren Werken die Schranken der Gesellschaft zu stürzen suchten. Während ihres ganzen Lebens trat Rahel in Wort und Schrift ein für die Rechte des Individuums gegenüber der Konvention. Ein beredtes Zeugnis des starken Ichgefühls, das sie sich

bewahrt hat bis ins Alter, ist eine Briefstelle vom Jahre
1831. Als damals in Berlin die Cholera wütete, schrieb
Rahel an ihren Gatten: „Ich verlange ein besonderes,
persönliches Schicksal. Ich kann an keiner Seuche sterben,
wie ein Halm unter anderen Ähren auf weitem Felde von
Sumpfluft versengt. Ich will allein an meinen Übeln
sterben; das bin ich, mein Charakter, meine Person, mein
Physisches, mein Schicksal."[1]) Schärfer kann sich der
Subjektivismus wohl nicht ausdrücken, und wir begreifen,
wie schwer es Rahel oft fallen musste, ihren persönlichen
Willen der Gesellschaft zuliebe aufzugeben. Aus diesem
stolzen, trotzigen Individualismus heraus erwächst in ihr,
wie in den Romantikern, eine herbe Verachtung der her-
kömmlichen Moral und ein an Nietzsche gemahnendes
Streben nach einer „Umwertung aller Werte". Den Ausdruck „Laster" braucht sie, um damit das zu bezeichnen,
was in ihren Augen Tugend bedeutet, die vom Durch-
schnittsmenschen verschrieene genialische Freiheit.[2]) Die
Tugend im gewöhnlichen Sinne des Wortes scheint ihr
unheilvoll. Sie sagt darüber: „Die Tugend ist viel ärger
als eine Leidenschaft. Die letztere lässt sich doch besiegen,
aber den möcht' ich sehen, der sich von der ersten wieder
frei machen könnte, wenn sie seiner sich einmal bemeistert
hätte. Er mag aufhören ein Heiliger zu sein, wird aber
gewiss kein freier, sondern nur ein schlechter und
kleinmütiger Teufel."[3]) Ebensowenig kann sie, was die
Leute Pflichten nennen, respektieren. Sie sieht darin nur
ihre „Leichtigkeit, gewöhnliche Dinge in hundert Ab-
teilungen zu tun".[4])

So stösst sie denn mit ihren neuen Moralbegriffen,
die sich mit den allgemein herrschenden nicht decken,

[1]) B. R. III, 532.   [2]) B. R. I, 249.
[3]) Brinkmanns Brief an Schleiermacher vom 20. August 1818.
Ungedruckt.   [4]) B. R. I, 122.

überall an, sie wird oft missverstanden und getadelt, sie
fühlt sich verletzt und gemartert durch Menschen und
Verhältnisse. Als zweiundzwanzigjähriges Mädchen schon
empfand sie die Ungerechtigkeit der Sitte, die eine
Schranke bildet für die Schlechten, dem Guten aber
oft zum lästigen Hemmnis wird. Ihr Freund Brinkmann
ist krank; sie sieht ein, dass aufmunternde Gesellschaft,
ihre Gesellschaft halbe Genesung wäre für ihn. Sie
wünscht lebhaft, ihn zu besuchen; aber „es schickt sich nicht".
Da lehnt sich ihr Gefühl gegen solche Verkehrtheit auf.
„Wenn ich ein Mann wäre," schreibt sie ihm, „würd' ich
Sie besuchen; rühmen Sie die Einrichtungen, wenn Sie
können, ich kann nicht. Damit ein schlechtes Mädchen
nicht dumm handeln kann, soll ein gutes eingeschränkt
sein?"¹) So übte sie Kritik an den hemmenden Einrichtungen,
kam aber zu dem trübseligen Schlusse, dass „einer nach
dem anderen auf die Welt purzelt, nichts drin ändert,
wenigstens nicht, was er gerne will, und wieder abgeht."²)

Hier schon hatte also Rahel neben dem Gefühl der
Auflehnung gegen die Konvention das Bewusstsein ihrer
Ohnmacht. Scherzend berührte sie damals den grossen
Zwiespalt ihrer Natur, die auf der einen Seite in trotzigem
Ichgefühl die Welt ignorieren möchte, andererseits jedoch
die Menschen zu sehr liebt und achtet, um einem einzigen
wehe zu tun. In ihrem späteren Leben verschärfte sich
dieser Zwiespalt. Da glich sie einer Gefesselten. Sie
rieb sich wund an ihren Banden und war doch nicht
stark genug, sie abzuwerfen. Bittere Klagen entströmen
deshalb oft ihrem Munde. Sie weiss nicht, wohin „mit
dem entsetzlichen Apparat von Herz und Leben". In den
Krieg möchte sie ziehen, um für die Ansprüche der Natur
Nahrung zu suchen, und die Menschen, welche diese Ansprüche unterdrücken, sind in ihren Augen sich selbst

¹) B. R. I, 63.　　²) B. R. I, 67.

zerstörende, sich opfernde Nonnen.[1] Aber sie besass den
Mut nicht, sich ganz auszuleben. Sie fügte sich den
Forderungen der Sitte. Rahel war eine tragische Natur.
Sie hatte heftige Wünsche und Begierden und erkannte deren
Berechtigung an. Allein es fehlten ihr Kraft und Rück-
sichtslosigkeit, sie zu befriedigen auf Kosten anderer. Daran
scheiterte in der Praxis ihr Individualismus. Treitschke[2]
tut ihr Unrecht, wenn er aus einigen ihrer individualistischen
Äusserungen über Ehe, Stellung der Frau usw. den Schluss
zieht, dass daraus nur „das anmassende, jeder Hingebung an
das Allgemeine unfähige Ich" rede. Dieser Auffassung
widersprechen Rahels Taten und Worte. Wenn sie sagt:
„Ich habe viele Gaben, aber keinen Mut, nicht den Mut,
der meine Gaben zu bewegen vermag, nicht den Mut,
der mich geniessen lehrte, wenn es auch einem anderen
etwas kostete. Ich setzte jenes anderen Persönlichkeit
höher, als meine, ziehe Frieden dem Genusse vor und habe
nie etwas gehabt,"[3] so ist das keine Phrase, sondern der
Ausdruck ernster Selbsterkenntnis, die sich einer Schwäche
zeiht. Gerade weil ihr Ich der Hingebung und Aufopferung
fähig war, konnte sie ihre individualistischen Grundsätze
nicht in die Tat umsetzen. Nicht ihr Egoismus war, wie
Treitschke meint, die Wurzel ihres Individualismus, sondern
dieser lag geradezu im Kampfe mit ihrem Herzen, das
von Wohlwollen und Rücksicht für ihre Mitmenschen
erfüllt war. Sie billigte zwar diese Nachgiebigkeit, dieses
sich Schicken und Fügen in Menschen und Verhältnisse
nicht und nannte es Feigheit. Immer und immer wieder
betonte sie es, dass zum Behaupten seiner Persönlichkeit
Mut, viel Mut gehöre. Sie zitiert als Beispiel den greisen

---

[1] B. v. Ch. I, 290.
[2] Deutsche Geschichte im 19. Jahrhundert von Heinrich von
Treitschke. Leipzig 1889. IV, 428.
[3] B. R. II, 408.

Pestalozzi,[1]) aus dessen Erklärungen im Morgenblatt sie sieht, wie er erst jetzt, siebzigjährig, seinem Innern folgen will. Sie findet die Menschen so beherrscht von dem Scheine des gesellschaftlichen Lebens, dass für den einzelnen ein wahrer Heldenmut erforderlich ist, seine Eigenart geltend zu machen, sich nach Neigungen und Fähigkeiten ganz auszuleben. Diesen Heldenmut, den sie ·selbst nicht besass, bewunderte sie um so mehr an anderen, die, besser als sie, ihre Persönlichkeit trotz der harten Zwangsinstitutionen des sozialen Lebens zu behaupten wussten. Verstösse gegen die herrschende Sitte und Moral waren in ihren Augen nichts Unrechtes, und deshalb stand sie nicht an, mit Frauen, deren Lebenswandel sie aus der guten Gesellschaft schied, in nahe Beziehungen zu treten. Ein Zeugnis hierfür ist ihre unwandelbare Freundschaft mit Pauline Wiesel, der Geliebten des Prinzen Louis Ferdinand. In Prag wohnte sie monatelang bei dem illegitimen Paar Brede-Bentheim. Als Gentz in seinem Alter noch sich in Fanny Elssler verliebte, protegierte sie die junge Tänzerin und behandelte sie mit mütterlichem Wohlwollen. Statt über den späten Liebesfrühling des alten Lebemannes zu lachen und zu spotten, wie dieser selbst es von ihr gefürchtet hatte, pries sie ihn glücklich, dass er noch solcher Empfindung fähig sei. Der gleiche hedonistische Zug zeigt sich in ihrem Urteil über Pauline Wiesel. Diese war die Verkörperung ihrer Theorien. Sie hatte, einzig den Ansprüchen ihrer sinnlichen Natur gehorchend, die herrschende Moral beleidigt und lebte, nachdem sie den Höhepunkt ihres Glückes und ihres Erfolges überschritten hatte, abseits von der Gesellschaft. Dennoch beneidete Rahel die Ausgestossene, ja sie beglückwünschte sie sogar zu ihrer verfemten Stellung.

---

[1]) B. R. II, 468.

Pauline hatte es gewagt, an der Tafel des Lebens zu schwelgen. Rahel war, wie sie selbst sagte, leer ausgegangen. Die Tage des Genusses wogen in ihren Augen alles auf, selbst ein freudloses, isoliertes Alter. Dieser Hedonismus, der die Befriedigung der Lust als das Höchste betrachtet, ist echt romantisch. Brentano spricht ihr aus der Seele, wenn er in seinem „Godwi" das Evangelium der Lebensfreude predigt, und sie legt das Buch aus der Hand mit dem tiefen Seufzer: „In Anstalten bringt man das Leben zu; man verschwendet's."[1]) Demgemäss war es in Rahels Augen „das bessere Bewusstsein", welches Pauline bewogen hatte, ihren Gatten zu verlassen, bei dem sie ihr Glück nicht fand; „denn," schreibt sie, „zum Leiden ist Ihr starkes Herz nicht gemacht". Nicht Dulden und Tragen, sondern kräftiges Begehren und Erfassen ohne Rücksicht auf andere, ist also Rahels Ideal. Dazu braucht es aber ein robustes Gewissen, wie es Ibsen heute nennt. Sie selbst besass kein solches. „Es ist nur ein Unterschied zwischen uns," schrieb sie an Pauline Wiesel, „Sie leben alles, weil Sie Mut und Glück hatten; ich denke mir das meiste, weil ich kein Glück hatte und keinen Mut bekam; nicht den, dem Glücke das Glück abzutrotzen, es aus den Händen zu ringen. Ich habe nur den des Tragens erlernt."[2])

Wir erkennen also in Rahel, der Vertreterin einer ausgesprochen individualistisch-hedonistischen Weltanschauung, die Romantikerin. Sie überliess es aber anderen, die praktischen Konsequenzen ihrer Grundsätze durchzuführen. Sie selbst blieb aufopfernd, hingebend, andere mehr beglückend als sich, eine echte Altruistin. Aus diesem ihrem Doppelwesen entsprang für sie manche bittere Stunde. In ihrem Leben blieb dadurch eine unausgeglichene Dissonanz. Man kann den Zwiespalt ihrer Natur nicht treffender

---

[1]) B. V. u. R. I, 29.   [2]) B. v. Ch. I, 290.

ausdrücken, als sie selber es tat in einem Briefe an den
Marquis de Custine. Nachdem sie sich über die Unbe-
haglichkeit ihrer Lage beklagt hat, fügt sie bei: „Ich
konnte nichts vermeiden von dem, in was ich nun stecke,
und kann auch nichts ändern, ohne blutige Risse. Ach!
und ich bin von keiner Adlernatur; ich habe nur die
Einsicht, dass, um zu leben, welche nötig ist!!! — — ja!
Goethe lässt seinen Tasso sagen, und das hat noch niemand
gesagt: „Und in allen Stücken billig sein, heisst sein eigen
Selbst zerstören!" — und so zerstör' ich mich denn wirklich,
die in manchen Stücken stark und zu was anderem von
der sorglos verschwenderischen Natur bestimmt war! So ist's!
So muss ich weiter sterben: viel bin ich schon gestorben."[1])

Man vermisst vielleicht in dieser Darstellung von
Rahels Individualismus die chronologische Ordnung, aus
der man eine Entwicklung ihres Charakters erkennen könnte.
Briefstellen aus allen Perioden ihres Lebens sind zusammengestellt worden, um den individualistischen Zug ihres
Geistes recht plastisch hervortreten zu lassen. Aber gerade
der Umstand, dass aus der Feder des zwanzigjährigen
Mädchens, wie der sechzigjährigen Frau, Worte von ausgesprochen individualistischer Prägung geflossen sind, deuten
darauf hin, dass Rahel in dieser Beziehung keine grossen
Wandlungen durchgemacht hat. Sie war in ihrer Jugend
und blieb in ihrem Alter die starke Persönlichkeit. Während
die Romantiker, ihres Individualismus müde, in einer
mächtigen Allgemeinheit untertauchten, bewahrte Rahel
ihre Jugendideale und übermittelte sie unverblasst den
Jungdeutschen. Sie trat deshalb später in einen seltsamen
Gegensatz zu Friedr. Schlegel, der vom Persönlichkeitskultus zu vereinheitlichenden Tendenzen weiter geschritten
war, während Rahel noch die erste Phase der Romantik

---

[1]) Lettres du Marquis de Custine à Varnhagen d'Ense. Bruxelles
1870. S. 231.

repräsentierte. „Schlegel sagt," schrieb sie im Jahre 1817 an Varnhagen, „ich verstünde manches nicht: nämlich Brüderschaften, als Freimaurer und dergleichen Getriebe, weil ich so éminemment eine Person wäre."[1]) Dasselbe starke Persönlichkeitsgefühl ist es, welches sie bei der Lektüre von Ed. Gans' Erbrecht gegen Gütergemeinschaft polemisieren heisst. Die Güter waren in ihren Augen nichts anderes, als eine Erweiterung unserer Person, die nach ihrer Meinung nicht gänzlich weggeschenkt werden kann.[2]) Auch diese Stelle, dem Jahre 1828 entstammend, ist ein Zeugnis, dass ihre Abneigung gegen vereinheitlichende Tendenzen nicht abgeschwächt worden ist durch Alter und Zeitströmung.

Allerdings haben die Jahre auch auf Rahel ihre ausgleichende Kraft ausgeübt. Die Disharmonie in ihrem Charakter blieb nicht immer gleich grell. Ihre Briefe an den Gatten Varnhagen bezeugen einen grossen Fortschritt; ihr eigenes Ich und sein Begehren trat zurück hinter die Sorge für die Ihren. Aber immer noch stellte sie, wie eben dargetan wurde, die Persönlichkeit in den Mittelpunkt. Immer noch betonte sie es, dass jeder Mensch ein Original ist und sein soll, kein gemachtes Fabrikwesen.[3]) Allein sie suchte mehr als früher den Ausgleich des Ich mit seiner Umgebung, zwar nicht in seiner schrankenlosen Herrschaft über die Aussenwelt, ebensowenig in seiner gänzlichen Vernichtung. Sie vermied die Extreme, in welche die Romantiker verfielen und hielt eine Ausbildung und Behauptung der Persönlichkeit in Übereinstimmung mit dem Gegebenen für möglich.[4]) So näherte sie sich in ihren späteren Jahren dem klassischen Individualismus.

Eine Konsequenz von Rahels individualistischer Weltanschauung war ihre Abneigung gegen die Ehe. Sie wollte

---

[1]) B. V. u. R. V, 299.   [2]) B. R. III, 450.   [3]) B. R. III, 398.
[4]) B. R. III, 331. 337. 402. 551.

die Freiheit und Selbstbestimmung der Persönlichkeit
gewahrt wissen auch in den engsten Verbindungen der
Menschen untereinander. Sie selbst verheiratete sich, aber
mit einem Manne, der ihr eigenes Ich weder absorbierte
noch unterdrückte, der es im Gegenteil zu grösserer Entfaltung zu bringen bestrebt war. Sie war Varnhagen
gegenüber die Gebende, die Überlegene, und ihr Gatte
erkannte dies an. In seinen Briefen drückte er stets den
Wunsch aus, Rahel möge ganz und gar nach ihrem Be-
lieben handeln, nie solle sie sich seinetwegen Zwang antun.
Rahel wusste zum voraus, dass ihre Freiheit durch ihn
nicht beeinträchtigt sein würde. Sie schlossen den Bund
fürs Leben mit der vollen gegenseitigen Übereinkunft,
dass die Tatsache der Verheiratung ihre beiderseitige
Freiheit nicht beschränken dürfe. Schalkhaft schrieb der
Bräutigam kurz vor der Hochzeit: „Mir durchschaudert's
die Gebeine mit Angst und Schrecken, Dich als gehorsame
Gattin, mich als philisterhaften Eheherrn zu denken.
Weisst Du was, wir wollen es ignorieren, dass wir ver-
heiratet sind; so bleiben wir ungeschiedene Leute",[1]
und sie: „Ich bin ganz zufrieden, liebe Dich, freue
mich und bin selig, Dir etwas sein zu können, und Dich
verbunden mit mir so frei zu wissen, als vorher."[2] Im
Bewusstsein der Übereinstimmung in diesem Punkte konnte
sie denn auch Varnhagen mitteilen, dass ihr vor der Heirat
ganz gut, ganz sorglos und unbefangen zu Mute sei, dass
diese für sie ein „durchaus vergnügliches Evènement" bedeute.

Sie wurde in ihren Erwartungen nicht getäuscht.
Ein Jahr später schrieb sie an Pauline: „Ich bin völlig
frei von ihm, sonst hätte ich ihn nie heiraten können.
Er denkt über Ehe, wie ich."[3] Die nämliche Ver-
sicherung gab sie Karoline v. Humboldt, als sie dieser von

[1] B. V. u. R. IV, 46.   [2] B. V. u. R. IV, 48.
[3] B. v. Ch. I, 305.

ihrer Verehelichung Mitteilung machte. Gerade das Geltenlassen und Anerkennen ihrer Persönlichkeit, dessen sie bei Varnhagen sicher war, zog sie zu ihm hin. Man hat sich oft gewundert, was die gefeierte Frau bewegen konnte, den schwankenden, werdenden Jüngling an sich zu ziehen und später dem Manne die Hand zu reichen, der an geistigem Reichtum weit hinter ihr zurückstand.[1]) Wer aber Rahels Trieb nach freier Entfaltung ihrer Individualität, ihr stark entwickeltes Persönlichkeitsgefühl kennt, dem wird ihre Verbindung mit Varnhagen kein Rätsel sein. Er war der einzige unter all ihren zahlreichen Freunden, der sie in ihrer ganzen Totalität anerkannte, bei dem sie in allen ihren Handlungen von vornherein auf Verständnis rechnen konnte. Sie selbst bezeugt dies sehr schön in einem Briefe an Brentano, in welchem sie sich falscher Beurteilung gegenüber rechtfertigen will: „Nur Einer in der ganzen Welt erkennt mich an, dass ich eine Person seyn soll; will nicht nur Einzelnes von mir gebrauchen, verschlucken, liebt mich wie die Natur mich geschaffen hat, und das Schiksal behindert; sieht dies Schiksal ein: will mir den Rest vom Leben noch lassen, gönnen, erheitern, dem Himmel entgegen tragen: will für das Glück mein freund zu seyn, mir alles seyn, leisten und lassen. Dieser ist der Mensch, den man meinen Bräutigam nennt. So sehr dumm sind die Leute doch nicht; so nannten sie noch Niemand. Sie fühlen, dass der mich nie verleugnet und vergisst, nur Ein Bräutigam seyn kann nach ihrer art; und wenn sie wollen sey es so! Wie kann ich aber wohl zu dem albernen Zustand einer Braut kommen. So jung war ich nie! Ich erkenne aber kein Verhältnis zu einem Menschen für frey und schön an, welches mich beschränkt, wo ich lügen müsste, oder

---

[1]) Liter. Echo, III. Jahrgang 1900—1901; Geiger, Ludwig: Rahel Varnhagen, S. 328.

welches meiner Natur Mögliches und Erforderliches ausschliessen wollte. So vernünftig ich nun seyn kann, so
viel Gewalt habe ich über diesen Freund; und noch bis
jetzt habe ich ihm alles von mir verständlich machen
können."[1]) Hier haben wir die ganze Rahel in ihrem
Drang nach Freiheit und Selbständigkeit, nach unbe-
hindertem Vollgenuss des Daseins, und hier haben wir
auch die inneren Gründe zu ihrer Wahl, die schon damals
viele ihrer Freunde befremdete. Sie wollte sich nicht
beschränken lassen, sondern auch an der Seite ihres Gatten
ihre natürliche Eigentümlichkeit behaupten. Diesen Wunsch
findet man begreiflich und berechtigt bei einem Manne,
schwerer verständlich scheint er bei einer Frau. Aber bei
Rahel galten eben diese Unterschiede der Ansprüche von
Mann und Frau nicht mehr. Die Romantik hatte sie auf-
gehoben, und Rahel war in diesem Punkte ganz Romantikerin.
Und noch in einem anderen! Wir hören aus der oben
zitierten Briefstelle eine unzweideutige Ironie heraus gegen
das gewissermassen legale Verhältnis von Bräutigam und
Braut. Rahel hatte eine Abneigung gegen die Ehe nicht
nur aus subjektiver Geschmacksrichtung, sondern aus
Prinzip, und darin berührt sie sich mit den romantischen
Individualisten.

In der Lucinde predigt Friedrich Schlegel die freie
Liebe, und Schleiermachers „Briefe über die Lucinde" be-
stätigen und verherrlichen die neuen Ideen des Freundes.
Beide verurteilen die konventionelle Ehe als ein Verderben
der Menschheit. Die w a h r e Ehe kann nach Schleiermachers Argumentation nur das Resultat von vorläufigen
Versuchen sein.[2]) Dazu ist aber ein freies Experi-
mentieren auf dem Gebiete der Liebe notwendig. Den-
selben Gedanken, nur viel schärfer und rücksichtsloser

---

[1]) Ungedruckt.
[2]) Schleiermachers sämtliche Werke I, 474.

formuliert, äussert Friedrich Schlegel in den Athenäumsfragmenten. Dort bezeichnet er die Grosszahl der Ehen
als Konkubinate, Ehen an der linken Hand, provisorische
Versuche zu einer wirklichen Ehe, die der Staat nicht gewaltsam zusammenhalten sollte.[1]) In seinem Fragment
„Idee zu einem Katechismus der Vernunft für edle Frauen"
warnt Schleiermacher vor der Profanierung der heiligsten
Gefühle. Er sagt: „Du sollst von den Heiligtümern der
Liebe auch nicht das kleinste missbrauchen; denn die wird
ihr zartes Gefühl verlieren, die ihre Gunst entweiht und
sich hingibt für Geschenke und Gaben, oder um nur in
Ruhe und Frieden Mutter zu werden." „Merke auf den
Sabbath deines Herzens, dass du ihn feierst, und wenn sie
dich halten, so mache dich frei oder gehe zu Grunde."
„Du sollst nicht absichtlich lebendig machen."[2])

Alle diese Gedanken, wenn auch in anderer Prägung,
finden wir bei Rahel wieder und zwar nach dem Erscheinen der Athenäumsfragmente und der Lucinde. Obschon sie nirgends Bezug nimmt auf die Romantiker, so
ist doch anzunehmen, dass sie von deren Schriften und der
ganzen romantisch-revolutionären Atmosphäre beeinflusst
war. Stimmung und Naturell kamen den neuen Ideen
entgegen. Zerstörte Jugendhoffnungen hatten die idealen
Anschauungen von ewigem Liebesglück in ihr vernichtet,
ohne ihre starke Individualität geknickt zu haben. Nachdem sie eingesehen, welch blinden Täuschungen die
Leidenschaft unterworfen ist, musste eine unlösliche Verbindung zweier Menschen ihr unheilvoll erscheinen. „Neger-
handel, Krieg, Ehe! — und sie wundern sich und flicken",[3])
schrieb sie im Jahre 1803. Sie stellte also die Ehe
in eine Linie mit den verderblichsten Auswüchsen der

---

[1]) M. F. Schl. II, 208. [2]) M. F. Schl. II, 267.
[3]) B. R. I, 259.

menschlichen Gesellschaft und erwartete von der Ab-
schaffung dieser Zwangseinrichtung eine neue Ära irdischen
Glückes. „Weg mit der Mauer! Weg mit ihrem Schutt!"
ruft sie aus. „Der Erde gleich sei dieses Unwesen
gemacht, und alles wird auf ihr erblühen, was leben soll.
Eine Vegetation!" [1]) Geisterzwang und Ehe waren in
ihren Augen zwei kolossale, von den Jahren zusammen-
gebildete Formen, in denen man eine grosse Dissonanz
gefangen halten wollte, um den Menschen im diesseitigen
Leben zurechtzuhelfen, die aber, weil sie Lügen sind, uns
die Ruhe nicht bringen.[2]) Es empörte sie im Innersten,
wenn sonst kluge, weiche und liebenswürdige Leute den
legitimen Kindern, der Ehe u. dergl. das alte Irrwort
redeten.[3]) Rahel fand es fürchterlich, dass eine Frau
gemissbraucht werden und wider Lust und Willen einen
Menschen erzeugen kann. Sie postulierte das Recht
der Mutter,[4]) wie es in unseren Tagen Wolzogen in
seinem „dritten Geschlecht" tut. Intimes Zusammenleben
ohne Zauber und Entzücken erschien ihr unanständig,
Aufrichtigkeit in einem Verhältnis, in dem Unnatürliches
gewaltsam gefordert werden kann, unmöglich.[5]) Hier
finden wir genau die Ideen wieder, welche Schleiermacher in seinem „Katechismus" gepredigt hatte, die Ver-
urteilung einer Entheiligung der geschlechtlichen Liebe
durch äusseren Zwang. Freiheit in jeder Form des
menschlichen Zusammenlebens, auch in der Liebe, war
das Postulat der Romantiker und der Individualistin Rahel.
In ihrer Jugend waren es romantische Einflüsse, die Rahel
das Problem der Ehe nahelegten. Im Alter verfolgte sie
mit lebhaftem Eifer die Bestrebungen der Saint-Simonisten
auf demselben Gebiete.[6])

---

[1]) B. R. III, 559.   [2]) B. R. II, 539.   [3]) B. R. II, 423.
[4]) B. R. III, 19.   [5]) B. R. III, 59.   [6]) B. R. III, 550.

In engster Beziehung zum Problem der Ehe stand bei den Romantikern die Frauenfrage. Auch sie tauchte auf als Konsequenz des romantischen Individualismus, der nicht nur der einen Hälfte des Menschengeschlechts Zweck und Recht zuerkannte, sich zu entfalten und auszuleben. Friedrich Schlegel hatte sich in seiner Abhandlung über „Diotima" (1795) mit Entschiedenheit gegen die traditionelle Meinung von der Bestimmung der Frau gewandt und jene Schriftsteller verurteilt, welche die Auffassung verherrlichten, Weiber sollten nur nützlich sein. In seinen Augen sind die Frauen nicht nur um der Männer willen da, denn dies behaupten, hiesse das Gute und Schöne von der weiblichen Bestimmung ausschliessen. Friedrich Schlegel zeigte seinen modernen Zeitgenossen, dass die Weisen des Altertums einen weit höheren Begriff hatten von der Bestimmung des Weibes, als sie. Bei Platon und Kleanthes fällt der Begriff der Weiblichkeit zusammen mit dem Begriff der Menschlichkeit. Diotima ist, nach Schlegels Darstellung, ein Bild vollendeter Menschheit.[1]) Die gleiche Tendenz vertrat er in den Athenäumsfragmenten (1798) und wurde auch hier wieder von Schleiermacher sekundiert. Wenn dieser in seinem Glaubensbekenntnis für edle Frauen sagt: „Ich glaube an die unendliche Menschheit, die da war, ehe sie die Hülle der Männlichkeit und der Weiblichkeit annahm", so ist dies genau der oben erwähnte Gedanke von der Identität der Begriffe Weiblichkeit und Menschlichkeit. Schleiermacher forderte deshalb die Frauen auf, die Schranken ihres Geschlechts zu durchbrechen, zu streben nach „der Männer Bildung, Kunst, Weisheit und Ehre".[2])

Rahel stand in dieser Beziehung ganz auf dem Boden der romantischen Theorien. Eine direkte Beeinflussung lässt sich aus dem Schlegelschen Zitat erkennen: „So

---

[1]) M. F. Schl. I, 46 f.   [2]) M. F. Schl. II, 268.

lange die Männer roh bleiben, müssen die Weiber kokett sein."[1]) Eine starke Individualität wie sie, eine Frau, die sich so vielen Männern überlegen fühlte an geistiger Potenz, konnte unmöglich die alte Auffassung von der Abhängigkeit der Frau teilen. Sie musste das Evangelium von der Emanzipation ihres Geschlechts als eine Erlösung begrüssen. Sie verwarf, wie Schlegel und Schleiermacher, die Anschauung, dass der Geist der Frau ganz andere Bedürfnisse habe, als der des Mannes, dass sie ganz von der Existenz des Mannes mitzehre. Nach ihr ist die Voraussetzung falsch, „dass ein Weib in ihrer ganzen Seele nichts Höheres kennt, als gerade die Forderungen und Ansprüche ihres Mannes in der Welt oder die Gaben und Wünsche ihrer Kinder". „Wenn dem so wäre," folgert sie, „dann wäre jede Ehe, schon bloss als solche, der höchste menschliche Zustand; so aber ist es nicht, und man liebt, hegt, pflegt wohl die Wünsche der Seinigen, fügt sich ihnen, macht sie sich zur höchsten Sorge und dringendsten Beschäftigung, aber erfüllen, erholen, uns ausruhen zu fernerer Tätigkeit und Tragen, können sie uns nicht, oder auf unser ganzes Leben hinaus stärken und kräftigen. Dies ist der Grund des vielen Frivolen, was man bei Weibern sieht und zu sehen glaubt. Sie haben der beklatschten Regel nach gar keinen Raum für ihre Füsse, müssen sie nur immer dahinsetzen, wo der Mann eben stand und stehen will, und sehen mit ihren Augen die ganze bewegte Welt, wie etwa einer, der wie ein Baum mit Wurzeln in der Erde verzaubert wäre. Jeder Versuch, jeder Wunsch, den unnatürlichen Zustand zu lösen, wird Frivolität genannt oder noch für strafwürdiges Benehmen gehalten."[2])

Damit trifft sie, gleichwie Friedr. Schlegel, den Kern der Frage und schafft zugleich die Basis für alle weiteren

---

[1]) B. R. III, 116.   [2]) B. R. II, 565.

Forderungen. Wenn die Frau, so gut wie der Mann, eine selbständige Individualität ist, so hat sie auch das Recht und die Pflicht zur Entfaltung ihrer Kräfte und zu der ihren Neigungen und Fähigkeiten entsprechenden Tätigkeit, auch wenn diese sich mit den Wünschen des Mannes und den landläufigen Anschauungen nicht deckt. So kommt Rahel auf die Frage, ob die Frau als Schriftstellerin· wirken soll oder nicht. Die Frage war schon zu Rahels Zeiten praktisch entschieden, indem eine ganze Reihe von Frauen mit mehr oder weniger Erfolg die Feder führten. Theoretisch wurde sie aber noch diskutiert, und einige Schriftstellerinnen, wie Karoline Schlegel, Dorothea Tieck und Therese Huber, liessen ihre Produkte unter fremdem, männlichem Namen, den ihnen ein befreundeter oder verwandter Dichter grossmütig lieh, veröffentlichen. Selbst bei der starken Frau von Staël witterte Rahel Furcht vor der vorurteilsvollen, konservativen Kritik, Furcht, „dass Weiber von schriftstellerischem Talent nicht könnten weiblich gefunden werden, oder ihre Werke doch nicht so hoch zu stellen seien, als die der Männer.“[1]) Darin war Rahel radikal. Sie kannte kein zages Schwanken. „Arme Furcht! Ein Buch muss gut sein, und wenn es eine Maus geschrieben hat“, oder: „Wenn Fichtes Werke Frau Fichte geschrieben hätte, wären sie schlechter?“ Rahel sah den Grund nicht ein, warum eine Frau nicht schreiben sollte, wenn sie dazu Zeit und Talent hat, um so mehr, wenn sie aus dem Ertrag Gutes tut. Ist sie ein grosser Autor, so muss sie es tun.[2]) Sehr ernst tadelte Rahel die falsche Bescheidenheit der schreibenden Frau, die sich von vornherein den Männern gegenüber unterordnet, sich als Usurpatorin in einer ihr fremden Sphäre darstellt und auf diese Weise sogar dem geistigen Verkehr der Geschlechter die Unbefangenheit raubt.

---

[1]) B. R. III, 10.   [2]) B. R. III, 10.

Sie nannte dies bezeichnend „altfränkische Koketterie".
Gleichheit auch auf diesem Gebiete war ihr Wunsch, eine
Gleichheit, die, wie sie allerdings zugab, nur durch wissen-
schaftliche Bildung der Frau möglich ist.[1]

Zwei Einwände, welche gewöhnlich gegen die geistige
Tätigkeit der Frauen erhoben werden, suchte sie zu ent-
kräften: Wie heute noch, redete man zu Rahels Zeiten
von der Inferiorität der weiblichen Psyche. Rahel sagt
darüber: „Ist es aus der Organisation bewiesen, dass eine
Frau nicht denken und ihre Gedanken nicht ausdrücken
kann? Wäre dies, so bliebe es dennoch Pflicht, den Versuch immer von neuem zu machen."[2] Auch einen zweiten
Einwurf liess sie nicht gelten. Es war und ist die land-
läufige Meinung, die Frau verfehle durch eine literarische
Tätigkeit ihre eigentliche Bestimmung. Über die Bestimmung des Weibes war aber Rahel mit Friedr. Schlegel
ganz anderer Ansicht, als die meisten ihrer Zeitgenossen.
Ohne jedoch diese Frage näher zu beleuchten, vielmehr in
ironischer Weise, verteidigte sie ihren Standpunkt: „Zu-
gegeben! und nicht einmal gestritten über diese Bestimmung.
Es verfehlen so viele Weiber ihre Bestimmung, dass es
wohl wird mit eingerechnet werden können, wenn einige
sie durch Schreiben verfehlen; und es wird noch Vorteil
herauskommen und viel von dem sonst nicht vergeudeten
Mitleid mit ihnen erspart werden."[3]

Anmerkung. Es ist unbegreiflich, wie Schmidt-Weissenfels in
seinem Buche „Rahel und ihre Zeit" (Leipzig 1857) Rahel vor dem
Verdachte, sie sei eine Emanzipierte gewesen, zu reinigen versuchen
konnte. Nach einer Polemik gegen die Emanzipation der Frau kehrt
Schmidt „dieser beängstigenden Idee" den Rücken und konstatiert,
dass Rahel keine Ähnlichkeit hatte mit einem der unweiblichen
Charaktere, welche ihre Zeit hervorbrachte. So urteilt Schmidt, der
an anderer Stelle Friedr. Schlegel den „Mentor Rahels" nennt. Sie,

---

[1] B. R. III, 116.   [2] B. R. III, 222.   [3] B. R. III, 222.

die entschlossene Kämpferin für die Emanzipation ihres Geschlechts, soll selber keine Emanzipierte gewesen sein! Mehrere Stellen aus Schmidts Buch stehen in direktem Widerspruch zu den eigenen Worten seiner Heldin. Seite 23 z. B. sagt er: „Das Weib, und gar das deutsche Weib, für unfähig zur Führung der Feder zu erklären, das würde weniger Egoismus denn Beschränktheit sein; im Gegenteil, sie hat ein Recht dazu, wie die Männer, wenn sie Talent besitzt, ihre Eltern oder ihr Mann es ihr erlauben." Rahel dagegen: „Ist sie ein grosser Autor, so muss sie es tun" usw. Schmidt war in seiner Ängstlichkeit und Inkonsequenz gewiss nicht berufen, Rahel zu verstehen und zu beurteilen.

Wir sehen hier bei Rahel die Keime, welche die Romantik in ihr geweckt, zu grösserer Entfaltung gebracht. Sie begnügte sich nicht mehr mit allgemeinen Prinzipien, mit Theorien über Liebe, Lebensgenuss und Bildung. Rahel stellte ganz bestimmte Postultate, und zwar forderte sie als Recht der Frau eine ausgedehntere Betätigung ihrer Kräfte. Die Behauptung von Brandes, dass bei den Frauen dieser Periode eine männlichere und ungeteiltere Kraft sich geltend macht, als bei den Männern, dass sie beständig die Probleme, welche die Männer auf das literarische Forum beschränkt halten wollen, auf das soziale hinausziehen möchten, trifft ganz und gar bei ihr zu. Sie ging in ihren Ansprüchen so weit, wie man heute geht, sie forderte Betätigung der Frau auf sozialem Gebiet. Sie kam auf diesen Gedanken durch die grossartige, segensreiche Wirksamkeit weiblicher Kräfte während des Befreiungskrieges. Sie selbst stand damals in Prag an der Spitze einer Organisation zur Pflege Verwundeter und war nie befriedigter und innerlich beglückter als während dieser aufopfernden Tätigkeit. Später, als im Jahre 1831 in Berlin die Pest ausbrach, hatte sie wieder Gelegenheit, die hilfreiche Arbeit der Frauen zu beobachten, und sie wünschte, dass die durch die Unglückstage entfalteten Kräfte auch in normalen Zeiten nicht brachliegen möchten.

Sie forderte ein aus Frauen bestehendes Armendirektorium. [1])

Rahels Vorliebe für soziales Wirken bei einer ausgesprochen individualistischen Weltanschauung darf uns nicht befremden. Wie sie einerseits ihr Ich und dessen Bedürfnisse aufs stärkste empfand und zu behaupten wünschte und andererseits ihre Mitmenschen höher achtete als sich selbst, so war sie Aristokratin und Demokratin zugleich. Sie schätzte alle Vorzüge des hochentwickelten Individuums, besass aber ein zu starkes soziales Empfinden, um die Masse als blossen Nährboden für die Blüte der menschlichen Gesellschaft zu betrachten. Ganz antinietzscheanisch mutet es den modernen Leser an, wenn er auf die folgende Äusserung Rahels stösst: „Auch dachte ich über die ganze Masse der Menschenbildung; und ob wohl alle Essenz davon, das höchste Entzücken edler, reichbegabter Menschen aneinander, und jeder andere erhellte, erhobene Moment im Leben, das Placken und den Jammer aller wert ist, den es zum Dünger jahrhundertelang erforderte. Arbeitende Karrende, und ich, brachten mich auf den Gedanken." [2])

Für Rahels soziales Mitgefühl zeugt auch ihre Bewunderung Pestalozzis. Sie hatte „Lienhard und Gertrud" gelesen und war tief durchdrungen von der Selbstlosigkeit, von der Einsicht in des Volkes Wesen und von den milden, schönen Ansichten des grossen Menschenfreundes. [3]) So schätzte sie auch den Volksschriftsteller Hebel. Für sie war das Volk nicht „die viel zu vielen". Sie liebte es im Gegenteil, gerade „weil es die meisten sind und die Ärmsten". Ihre Liebe zum Volke erweckte in ihr den Wunsch, zu wirken wie ein Pestalozzi, ein Moses. [4])

---

[1]) B. R. III, 521.   [2]) Schweiz. Museum. Aarau 1816. S. 346.
[3]) Schweiz. Museum 363.   [4]) B. R. II, 472.

Rahel genügte also das enge Gebiet der romantischen Theorien nicht. Sie tat den Schritt hinaus ins weite Feld des praktischen sozialen Lebens. Was sie von der Romantik gelernt, das modifizierte und verwertete sie zu Gunsten des Ganzen. Damit berührte sie sich mit den Schriftstellern, die ihre Kunst in den Dienst der Menschheit stellten, mit den Jungdeutschen. Ihnen übermittelte sie die sozialen Ideen der Romantik: Individualismus, freie Liebe und Frauenemanzipation.

Politik.

In politischer Beziehung ist Romantik gleichbedeutend mit Reaktion. Die Namen Friedrich Schlegel, Gentz, Adam Müller sind unauflöslich verknüpft mit dem Metternichschen Unterdrückungssystem, und wir können uns die volksfreundliche, demokratisch gesinnte Rahel nicht anders vorstellen, als kämpfend gegen die Anhänger des politischen und kirchlichen Despotismus. Dennoch gibt es eine Zeit, in der die Romantiker die gleichen Ideen verfochten, deren Trägerin Rahel später wurde. Auch sie waren in ihrer Jugend freiheitlich und republikanisch gesinnt und konnten es als Fichteaner nicht anders sein. Der Individualismus lehnt sich gern auf gegen äussere Schranken und huldigt freiheitlichen Idealen, allein in ihm liegen auch die Keime zu aristokratischen und absolutistischen Anschauungen. Wer das Individuum verherrlicht, wird dem Despoten, als dem Stärksten, ebenso gut zujubeln, wie das gefügigste Werkzeug seiner Macht. Dies haben die Romantiker am Ende ihres Entwicklungsganges getan. Von freiheitlichen Idealen sind sie ausgegangen, beim Absolutismus haben sie gelandet. Ihre erste, freisinnige Periode verknüpft sie mit Rahel und soll deshalb hier ganz kurz skizziert werden.

In Friedrich Schlegels Jugendschriften findet sich ein Aufsatz vom Jahre 1796 „Versuch über den Begriff des Republikanismus".[1]) Darin tritt er ein für die republikanische Staatsform als die in der Zukunft anzustrebende, weil sie die Idee von Gleichheit und Freiheit aller am besten verwirklicht. In der Schrift „Über die Grenzen des Schönen" (1794) hatte er schon als echten Staat den bezeichnet, „dessen Zweck Vollständigkeit in der Gemeinschaft mehrerer freier Wesen ist",[2]) also die Republik. Nur dort gibt es eine öffentliche Liebe, d. h. wahre Vaterlandsliebe, „einen unendlichen Wechselgenuss aller in allen". Wenn er in der Diotima die Solonische Gesetzgebung preist als „das höchste Kunstwerk der Gerechtigkeit, Weisheit und Schonung, worauf das ganze menschliche Geschlecht stolz sein darf",[3]) so verneigt er sich wiederum vor der republikanischen Staatsform. In der Welt des Griechentums sucht er nicht bloss seine ästhetischen, sondern auch seine politischen Ideale, und diese stimmen überein mit den Tendenzen der freiheitlichsten Denker jener Zeit.

Auch der junge Tieck, der zwar nicht so viel politisches Interesse hatte, wie Friedrich Schlegel, bekundet in seinen satirischen Lustspielen, z. B. im „gestiefelten Kater" und in seiner Stegreifdichtung „Hanswurst als Emigrant", Sympathie für die französische Revolution.[4]) Novalis ist in seinen politischen Erwägungen von rationalistischen, republikanischen Grundsätzen ausgegangen.[5]) Ebenso sehen wir den jungen Gentz in den Reihen derer, die der französischen Revolution entgegenjubeln. In seinem ersten schriftstellerischen Versuch vom Jahre 1791 „Über den Ursprung und die obersten Prinzipien des Rechts" wird er zu ihrem Apologeten.[6]) Im Reichardtschen Kreise,

---

[1]) M. F. Schl. II, 57.   [2]) M. F. Schl. I, 26.
[3]) M. F. Schl. I, 72.   [4]) H. R. 101.   [5]) H. R. 342.
[6]) Allgemeine deutsche Biographie VIII, 578.

in dem die jungen Romantiker verkehrten, herrschten
demokratische Ansichten.

So sehen wir die junge Dichterschule in Berlin unter
dem roten Banner der Freiheit und Gleichheit erstehen.
Wir können zwar keineswegs von einer unmittelbaren
Beeinflussung Rahels durch diese Strömung sprechen. Die
damals noch jugendliche Rahel beschäftigte sich nicht mit
politischen Fragen. In den Briefen jener Periode fehlen
jegliche Äusserungen über politische Dinge. Dass ihr
diese damals fernlagen, wird bestätigt durch eine Be-
merkung Brinkmanns, der im Jahre 1799 an sie schreibt:
„Sie werden sagen, Sie kümmerten sich um keine Politik;
ich auch nicht."[1]) Erst in den Tagen von Preussens
Niedergang flammte ihr patriotisches Gefühl und damit ihr
politisches Interesse hoch empor. Gleich den begeistertsten
romantischen Kämpfern für das Deutschtum litt und
triumphierte sie mit ihrem Volke. Sie liebte ihr Vaterland,
liebte insbesondere Preussen und seine grosse Vergangen-
heit. Diese Liebe brach heftig hervor, als sie ihr Land
niedergeworfen und aufs tiefste gedemütigt sah. Da ge-
dachte sie mit Schmerz der glorreichen Tage Friedrichs
des Grossen und verglich sie mit der trostlosen Gegenwart. „Wie ein Schweizer seine Berge kennt." erzählt
sie, „so kannte man ehemals in Preussen das Heer."
Jetzt sieht Rahel einen preussischen Krieger durch die
Strassen schreiten und weiss nicht einmal, ob er ein Offizier,
ein Unteroffizier oder ein gemeiner Soldat ist.[2]) Diese
geringfügige Tatsache macht ihr mit einem Schlage die
grosse Veränderung klar, die mit der Heimat vorgegangen
ist. In ihrer Jugend war Preussen ein mächtiges Reich,
seine Bewohner stolz auf dessen öffentliche Institutionen
gewesen, jetzt stand es da als ein von seinen Bürgern

---

[1]) Manuskript.   [2]) B. V. u. R. I, 188.

selbst missachtetes Staatswesen. Spuren eines neuen Aufschwungs begrüsste Rahel mit Freuden. „Die berühmten
Römerinnen sind es recht umsonst", schrieb sie in jener
Zeit an Varnhagen. „Gerechter Gott, was ist es recht und
natürlich, sein Vaterland zu lieben, wenn es einen nur ein
bisschen wiederliebt: man tut es ja schon ohne Gegenliebe.
Ich will gar nicht mehr unglücklich sein und viel Armut
still ertragen, wenn ich nur daran denke, dass unsere
Soldaten keine Prügel mehr bekommen."[1])

Fünf Jahre später stand Varnhagen als russischer
Offizier im Felde gegen den Feind des Landes. Der
Briefwechsel mit dem Freunde war damals so lebhaft, dass
wir aus ihm ein klares Bild ihres patriotischen Fühlens
und Denkens bekommen. Sie fürchtete und hasste den
Krieg, sie, die Kränkliche. Er raubte ihr den ruhigen
Aufenthalt in der Heimat, er entführte ihre Freunde, ihren
Geliebten. Aber der Schmach von Tilsit gedenkend, sah
sie seine Notwendigkeit ein. Mit fieberhafter Spannung
verfolgte sie die Ereignisse. Eine falsche Siegesnachricht
und deren Widerrufung konnte sie bis zu krankhaften Zuständen erschüttern. Die Kunde von dem Anschluss
Österreichs an Preussen war ihr „heilender Balsam".
Nach der Schlacht bei Leipzig machte sie den über-
wallenden Empfindungen in biblischer Weise Luft: „Gott
erhörte unser Gebet und verwirrte den Geist unseres
grossen Feindes."[2]) Zum zweiten Male erzitterte ihr Herz
in banger Furcht für ihr Land, als Napoleon Elba verliess,
und wieder erfüllte der Sieg der Ihren sie mit Stolz
und Dank.[3])

Doch nicht mit ihren Gefühlen allein nahm sie teil
am Befreiungskampf. Sie wirkte mit nach Frauenart.
Gleich im Anfang des Krieges, als sie noch in Berlin

[1]) B. V. R. I, 199.
[2]) B. V. u. R. III, 187.   [3]) B. V. u. R. IV, 159.

weilte, half sie das alte Lazarett neu ausrüsten. Die
grösste und segensreichste Tätigkeit aber entfaltete sie in
Prag. Hier nahm sie unter den helfenden Frauen eine
führende Stellung ein. Unermüdlich sammelte sie Geld
und richtete ein eigentliches Wohltätigkeitsbureau ein, wo
sie Gaben verteilte. In dieser Wirksamkeit empfand sie
Glück und Befriedigung. Durch nichts liess sie sich von
ihrem Werk abhalten. Während einer Krankheit, die sie
sich durch Überanstrengung zugezogen hatte, verlegte sie
das Wohltätigkeitsbureau ins Krankenzimmer. „Seit sechs
Tagen," schreibt sie an Varnhagen, „hatte ich katarrhalisches
Fieber. Ich kurierte mich selbst. musste den dritten zu
Bette bleiben, hatte mein Bureau vor dem Bette etabliert.
und alles trat davor hin. Ruhe hatte ich doch nicht.
Soll ich Jäger und Soldaten trostlos abreisen lassen? Gott
bewahre. Ich hatte auch immer wieder Kräfte. Wie kann
man seine Pflicht nicht tun. Ich verstehe es nicht. Wenn
ich eine ordentliche Besorgung hätte! O! Ich verstehe es,
wie Friedrich der Zweite lebte. Ruhig, tätig, gewissenhaft,
und dann königlich in Kunst und stillem Genuss. (Eine
Jüdin mit Hemden und Socken.)"[1] Diese Stelle ist nicht
nur deshalb interessant, weil sie uns die dem Vaterland
dienende Rahel zeigt, sondern weil daraus das Seufzen
klingt nach Befriedigung ihres Tatendranges. „Wenn ich
eine ordentliche Besorgung hätte!" Wie klar fühlte Rahel
den Mangel ihrer sozialen Stellung! Nun bot ihr das
Vaterland ein Wirkungsfeld, und Rahel ergriff die Gelegenheit, ihre Kräfte zu betätigen, mit ebenso feurigem Eifer.
wie die Helden des Schlachtfeldes.

Bis dahin wandelt Rahel ganz in den Spuren der
Romantiker. Auch diese gehörten zu den ersten und
eifrigsten Vertretern der patriotischen Idee und dienten

---

[1] B. V. u. R. III, 174.

dem Vaterlande mit Leier und Schwert. Aber nach dem Friedensschlusse schieden sich ihre Wege. Neue Probleme tauchten auf, die innere Neugestaltung Europas beschäftigte die Gemüter. Frankreich war zwar besiegt, allein die Ideen, die es geboren, lebten fort. Es waren dieselben Gedanken, welche die junge Romantik gehegt und gepflegt, es war der Traum einer freien Menschheit mit gleichen Rechten und Ansprüchen an das Leben. Die Romantiker hatten den Traum ausgeträumt und blickten rückwärts nach neuen Idealen. Sie fanden sie im Mittelalter und wollten nun das Rad der Zeit zurückdrehen. Rahel aber hatte zu viel praktische, nicht bloss theoretische Liebe zu den Menschen, als dass sich ihre demokratische Gesinnung vom gewaltigen Sturmwind der Ereignisse hätte wegfegen lassen. Im Gegenteil, ihre Volksfreundlichkeit kam erst jetzt eigentlich zum Ausdruck. Nun stand sie mit ihrer Sympathie für die „meisten und Ärmsten" in diametralem Gegensatz zu einem Gentz, der von seinem extrem aristokratischen Standpunkte aus an Adam Müller schreiben konnte: „Das Leiden der Masse selbst, die weder gut noch böse ist, reduziert sich zuletzt darauf, dass sie etwas ärmer wird, woran doch im Grunde, aus höheren Gesichtspunkten betrachtet, soviel nicht liegt".[1]

Diese höheren Gesichtspunkte der reaktionären Romantiker waren z. T. so hoch, dass sie, in mystisches Dunkel gehüllt, in den Wolken schwebten. Für Adam Müller waren alle seine Postulate, Feudalismus, Legitimitätsprinzip, Glaubens- und Gewissensknechtung usw., Ausfluss der göttlichen Offenbarung. Der verstandesklare Gentz vermochte ihm auf diese Höhe der Auffassung nicht zu folgen; dennoch teilte er mit Müller den Hass gegen die Revolution. Mit Furcht und Schrecken sahen beide die Personifikation

---

[1] B. G. u. M. 118.

einer neuen Welt- und Staatenordnung, Bonaparte, von
Sieg zu Sieg eilen. Während Gentz ihm die Bewunderung
nicht versagen konnte, war er für den Mystiker Müller
das Prinzip des Bösen, der Antichrist, der Satan. Jubelnd
sahen sie ihn fallen. Er war ihnen nicht nur verhasst
als fremder Usurpator, sondern auch als Zerstörer alter,
geheiligter Ordnungen. Nun war die Zeit zur Verwirk-
lichung ihrer politischen Ideale da. Ad. Müller beharrte
trotz des Widerwillens, den das französische Volk gegen
die Bourbonen äusserte, auf seinem heiligen Legitimitätsprinzip. Gentz lieh seine gewandte Feder der Metternichschen Restaurationspolitik, in deren Dienst auch Friedrich
Schlegel trat. Die romantischen Politiker bekämpften jede
freie Regung des Volkes. Die Pressfreiheit war ihnen eine
Hauptquelle alles Übels. „Es soll zur Verhütung des
Missbrauches der Presse binnen Jahren nichts gedruckt
werden", war für Gentz ein Satz, der als Regel mit äusserst
wenig Ausnahmen gelten sollte.[1] Adam Müller spricht von
dem „göttlichen Recht der Throne" und dem lächerlichen
Recht der Völker, eine Art von Willen zu haben.[2] Gegen
die Turnerei, als eine Eiterbeule, wird heftig polemisiert,
eine Reform der Disziplin an den Universitäten als höchst
notwendig erkannt.[3] Im Gerichtsverfahren wünscht
Müller die Folter zurück.[4] Alle Fortschritte der Zivilisation
und Humanität wollte man vertauschen gegen die
Institutionen des Mittelalters, gegen eine Weltherrschaft
des Papstes. Der Briefwechsel zwischen Gentz und Müller
entrollt uns ein klares und interessantes Bild der romantischen
Reaktionspolitik mit all ihren unheilvollen Konsequenzen.

Gentz und Müller waren Rahels Freunde, mit beiden
hat sie korrespondiert. Der erstere insbesondere stand
ihr nahe. Er war zeitlebens ihr gehätschelter Liebling,

---

[1] B. G. u. M. 301.   [2] B. G. u. M. 193.
[3] B. G. u. M. 269.   [4] B. G. u. M. 293.

obschon er ihr manche Enttäuschung bereitete. Aber
wenn sich Rahel auch in dieser oder jener Beziehung
mit ihnen verwandt fühlte, in der Politik war sie ihre
entschiedene Gegnerin. Mit lebhaftem Geiste verfolgte
auch sie die Zeitereignisse; allein sie beurteilte sie nicht,
wie die beiden Berufspolitiker, von hohen, einseitigen
Gesichtspunkten aus, sondern völlig subjektiv, aus dem
Drange eines mitleidenden und mitringenden Herzens.
Dies sehen wir aus der meist impulsiven Art ihrer Äusserungen, und sie bestätigt es selbst, wenn sie sagt: „Ich habe
keine Resultate vorher in Auge und Geist und bin immer
bereit, unschuldig aufzufassen." [1])

So geht sie vorurteilslos an die politischen Probleme
heran und bildet ihr Urteil, wie Verstand und Gefühl
es ihr diktieren. Die Basis ihrer Anschauungsweise ist
die Menschenliebe, die Humanität, und darum konnte
sie mit den reaktionären Romantikern nicht überein-
stimmen. Für sie waren die Menschen nicht um einer
in Staat oder Kirche verkörperten Idee willen da,
sondern umgekehrt, diese Institutionen sollen um der
Menschen willen geschaffen werden: „Jede Staatsver-
fassung ist nichts anders, als eine Regel zum Wohlsein
aller in einem gegebenen Fall." [2]) Und dieses Wohlsein aller
sah sie nicht in einer starren Organisation von oben herab,
sondern in der Erstarkung der unteren Volksschichten durch
Hebung ihres materiellen Wohlstandes, durch Freiheit und
Gleichheit. Deshalb sprach sie mit Bewunderung von einem
Grossindustriellen, der ungeheure Fabriken schuf und durch
seine Tätigkeit zeigte, welche schöpferische Kraft der einzelne hat, wenn er nicht durch obrigkeitliche Schranken
gehemmt wird. Mit Bitterkeit beklagte sie es, dass Schlegel
und Müller und andere „neumodische Wiegler" nicht an

[1]) B. V. u. R. III, 211.   [2]) B. V. u. R. III, 224.

solchen Dingen Anteil nahmen. Den untersten Klassen des Volkes sollten nach ihrer Ansicht die edelsten Kräfte geweiht sein, damit die Nation von unten herauf gesunden könnte. Ein schönes, für jene Zeit der politischen Unfreiheit prophetisches Wort schrieb Rahel bei dieser Gelegenheit: „Les peuples existent malgré les gouvernements (Mirabeau). Ja, malgré erblüht, was einzelne tun, wenn man sie nur nicht stört durch Verbote! Gott! Wenn dereinst befördert würde! Für alle Völker gäbe die schwere, dunkle, geduldige Erde Fülle her; sie brauchten nicht zu kriegen, nicht zu lügen und die Proklamationen zur Rechtfertigung."[1]) Rahel hat mit diesem Ausspruch dem individualistischen Prinzip der Zeit gehuldigt, hat freies Spiel der Kräfte gefordert. Sie konnte nicht voraussehen, was wir heute wissen, dass zu weitgehende individuelle Freiheit die neue Tyrannei des ökonomisch Stärkern bringt. Immerhin war ihr Ziel ein edles, die Forderung der persönlichen Freiheit für jene Zeit des schweren Druckes von oben herab eine berechtigte und notwendige.

Neben der Freiheit wünschte Rahel die Gleichheit, und auch hierin befand sie sich im Widerspruch mit der späteren Romantik. Gentz erklärte die Idee des Adels für eine echte, feste, von der Idee einer Gesellschaft unzertrennliche.[2]) Fouqué unternahm einen misslungenen Versuch, den damals vielfach angegriffenen Stand in einer kleinen Schrift zu verteidigen, die das Gespräch zweier Edelleute über den Adel enthielt.[3]) Über diese Schrift Fouqués machte Rahel sich lustig, wie sie überhaupt ein Vorrecht der Geburt nicht anerkennen wollte. Zwar verkehrte sie viel in vornehmen Kreisen: Prinz Louis war ihr Freund, Graf von Finkenstein ihr Geliebter, Alexander von der Marwitz, der Marquis de Custine u. a. standen mit ihr in vertrautem

[1]) B. V. u. R. IV, 183.   [2]) B. G. u. M. 130.
[3]) B. V. u. R. I, 187.

Verkehr. Sie schätzte an ihnen die Bildung und die feinen Umgangsformen. Allein ihr hochstrebender Sinn konnte es nicht ertragen, dass sie zu einer niedrigeren Kaste gehören sollte. „Adlige liebe ich oft, den Adel nie. Solange es einen Adligen gibt, muss man auch geadelt werden."[1]) Doch nicht aus Ehrgeiz allein war sie Gegnerin der Privilegierten; das edlere und tiefere Motiv war das Gerechtigkeitsgefühl, war die Humanität. Sie sah in der Unterscheidung von Adligen und Bürgerlichen nur eine moderne Form der früheren Klasseneinteilung in Sklaven und Freie. „Sonst gab es Sklaven und Freie, noch jetzt sehe ich Adel und Bürger so an."[2]) Sie selbst fühlte sich mit den Bürgern und Bauern solidarisch, und freudig begrüsste sie die Nachricht, dass General Tettenborn es nicht verschmäht hatte, Bremer Bürger zu werden.[3]) Um so mehr erbitterte sie jedes Hervortreten adliger Überhebung, wie z. B. die Tatsache, dass der Adel in Celle während der Befreiungskriege einen Ball gab, zu dem kein Bürgerlicher Zutritt hatte. Diese Verachtung des Volkes, das doch die grosse Tat der Befreiung möglich gemacht hatte, diese Verkennung des Zeitgeistes, erfüllte sie mit einer Empörung, die sich in ungelenken Versen Luft machte:

> Die Adligen in Celle
> Geben hardiment Bälle
> Im alten Stolz und Pracht,
> Wohin sie keinen Bürger lassen.
> Ihr Wenigen, gebt acht!
> Die Vielen werden euch fassen.[4])

Rahel war also nicht, wie die Romantik in ihrem späteren Entwicklungsstadium, Feindin der Revolution, sie befürwortet im Gegenteil ihre idealen Forderungen: Freiheit, Gleichheit und Brüderlichkeit.

---

[1]) B. V. u. R. II, 10.   [2]) B. V. u. R. III, 312.
[3]) B. V. u. R. III, 303.   [4]) B. V. u. R. III, 250.

Ebensowenig war sie aus einseitigem Patriotismus Feindin der Franzosen. In den Jahren 1800 und 1801 hielt sich Rahel längere Zeit in Paris auf. Das Leben in der Metropole des Geistes und des Geschmackes entsprach ihren Neigungen so sehr, dass sie stets mit Liebe von Frankreich sprach und sich durch kein politisches Ereignis ihre Sympathie trüben liess. Zur Zeit der Erniedrigung Preussens, nach dem Tilsiter Frieden, rühmte sie die aus Berlin abziehenden Franzosen als würdige Sieger, die auch den Gegner zu ehren und zu schätzen wissen.[1]) Während der Befreiungskriege war sie eine Freundin der Mässigung. Sie wollte die feindliche Nation geschont wissen und lobte den General Wittgenstein, weil er in seinen Proklamationen den Feind ehrte.[2]) Immer wieder ermahnte sie den im Felde stehenden Varnhagen, seinen Einfluss im Sinne der Milde und Gerechtigkeit geltend zu machen. Als Pflegerin der Verwundeten in Prag machte sie keinen Unterschied zwischen Freund und Feind. Sie hegte sogar den Plan einer Vereinigung sämtlicher europäischer Frauen. Diese sollten sich gegenseitig Neutralität versprechen, d. h. sich geloben, Verwundete nie als Feinde zu behandeln. Mit Verachtung und Spott redete sie von den deutschtümelnden Franzosenhassern.[3]) Als Goethe von dem österreichischen General Colloredo barsch zurechtgewiesen wurde, weil er den französischen Orden der Ehrenlegion friedlich neben dem russischen trug, nahm Rahel heftig die Partei des Gescholtenen.

Die gleiche vorurteilslose Gesinnung zeigt sie Napoleon gegenüber. Sie verehrte in ihm das grosse Individuum. „Eines Helden Herz zu lieben ist eine Lust",[4]) schrieb sie zur Zeit der Erniedrigung Preussens und meinte damit den fremden Unterdrücker. Diese weitgehende Feindesliebe in jener Epoche

---

[1]) B. V. u. R. I, 167.   [2]) B. V. u. R. III, 14.
[3]) B. R. II, 139   [4]) B. V. u. R. I, 264.

des nationalen Aufschwungs und der damit verbundenen nationalen Engherzigkeit, dieser an die Klassiker gemahnende Kosmopolitismus Rahels ist begründet in ihrer Humanität und ganz gewiss auch in ihrer jüdischen Abstammung. Sie selbst sagte von sich, dass sie kein Vaterland, kein geliebtes, kein Dogma besteche.[1]) Den nach den Befreiungskriegen mit ihrer Nationalität prahlenden Deutschen rief sie das prophetische Wort zu: „Es wird eine Zeit kommen, wo Nationalstolz ebenso angesehen wird, wie Eigenliebe und andere Eitelkeit, und Krieg wie Schlägerei."[2]) Rahel scheint sich hierin gänzlich von den Romantikern zu entfernen und gleich ihrem grossen Vorbild Goethe dem Weltbürgertum zu huldigen. Allein auch in der Politik finden wir die ihrem Charakter eigentümliche Doppelspurigkeit. Wie sie Individualismus und Altruismus in sich vereinigen konnte, so auch kosmopolitische und patriotische Gesinnung.

Wenn wir Rahels politische Anschauungsweise rückblickend prüfen und sie mit den Tendenzen der Romantik vergleichen, so ist das Ergebnis ein vorwiegend negatives. Die Romantik ist reaktionär und nationalistisch, Rahel fortschrittlich und kosmopolitisch. Dennoch zeigen sich deutliche Berührungspunkte. Auch die Romantiker sind von liberalen Prinzipien ausgegangen, und Rahel wurde, wie sie, durch den Krieg zu patriotischen Gefühlen und Taten gedrängt. Rahel leitet aber auch hier über in eine neue Literaturströmung. Was in ihr gärte und brauste an Zeitideen: Liberalismus, Patriotismus, kosmopolitische Toleranz, alles das tritt schärfer und klarer hervor bei den jungen Schriftstellern, die der alternden Rahel zu Füssen sassen, den Jungdeutschen.

Rahel hat den Romantikern gegenüber Recht behalten. Da sie die Zeit verstand und mit ihr Schritt hielt, brauchte

---

[1]) B. V. u. R. I, 264.   [2]) B. R. II, 599.

sie am Abend ihres Lebens nicht in einsamem Grauen vor
der drängenden Gegenwart zu erzittern, wie der alte Gentz.
Um sie her keimte und sprosste es in ewigem Frühling,
und wie in der Jugend freute sie sich aller Keime neuen
Werdens. Nicht mehr in jugendlich blindem Enthusiasmus
jubelte sie den vorausstrebenden Zeitgenossen zu, sondern
in ruhigem Vertrauen auf die Entwicklungsfähigkeit der
Menschheit. „Sehen Sie nicht nur die Unordnung," ruft
sie Gentz zu, „sondern — eben „nach den vierzig Jahren
Arbeit" — was die in der Zeit sich folgenden
Menschen nun jetzt zu wollen haben. Denken Sie nicht
an das, was Menschen ewig wollen sollten, sondern fassen
Sie ins Auge, was Weltwirrwar, alte Sünden, längst
Verfehltes nun erlaubt, und wohin eben dies drängt."[1])
Gentz hatte nicht mehr Elastizität des Geistes genug, um,
Rahels Anregung folgend, einen neuen Kurs einzuschlagen.
Mit der Zeit grollend und sie fürchtend, ist er dahin-
gegangen, während Rahel bis zu ihrem Tode im Sinne
seiner Jünglingsideale wirkte und hineinragte in die neue
Zeit als die Repräsentantin einer vergangenen Keimepoche,
der Jugendtage der Romantik.

Religion.

Rahel lebte in einer Zeit der Gärung, die sich auch
auf religiösem Gebiete geltend machte. Aufklärung und
Mystizismus bekämpften sich um die Wende des 18. und
19. Jahrhunderts. Für die Kunst war die Aufklärung ein
karger Boden. Deshalb flüchteten sich die Klassiker in
die Phantasiewelt des Griechentums, und die jungen Romantiker folgten ihnen zuerst dorthin. Bald aber genügte
ihnen die klare Schönheit der Antike nicht mehr. Ihr
modernes Empfinden suchte eine gesteigertere, raffiniertere

---

[1]) B. R. III, 483.

Gefühlswelt. In ihren künstlerischen Bestrebungen vollzog sich daher eine Wendung. An die Stelle des kantischen
Objektivismus setzten sie Fichtes Subjektivismus, auf den
sie eine neue Kunst aufbauen wollten. Diese neue Kunst
bedurfte einer neuen Religion als inspirierender Kraft.
Die alte erschien ihnen in jeder Form abgestanden, schal,
leer. Die Basis des neuen Glaubens konnte für die Jünger
Fichtes nichts anderes sein, als das Ich. Es galt, eine
neue Religion des Subjektivismus zu schaffen. Diesem
Bedürfnis kam Schleiermacher entgegen in seinem Erstlingswerk „Reden über die Religion, an die Gebildeten unter
ihren Verächtern" vom Jahre 1799. Das Postulat einer
neuen Religion motivierte Friedrich Schlegel folgendermassen: „Religion ist eines von den Dingen, welche unser
Zeitalter bis auf den Begriff verloren hat, und die erst
von neuem entdeckt werden müssen, ehe man einsehen
kann, wie sie auch in alter Zeit, in anderen Gestalten
schon da war."[1])

Er nannte sein Zeitalter „ein gebrechliches, in dem
alle Religion gänzlich erloschen ist bis auf wenige Funken,
die vielleicht hier und da noch schlummern unter dem
Aschenhaufen der Mode, der kameralistischen Politik und
der diesen nachgebildeten Aufklärung und Erziehung".[2])
Deshalb wandte sich Schleiermacher an diejenigen, die sich
von den alten, überlebten Formen der Religion losgemacht
hatten, an die Gebildeten. Für sie sollte sein Buch ein
„Incitament" sein, wie Friedrich Schlegel es bezeichnet.[3])
Ihnen wollte er etwas Neues, Besseres, Heiligeres bieten.
Selbstverständlich kann es sich hier nicht um eine vollständige Darstellung der Schleiermacherschen Reden handeln.
Es sollen nur diejenigen Punkte herausgegriffen werden,
von denen sich eine Verwandtschaft mit Rahels Äusserungen

[1]) M. F. Schl. II, 308. [2]) M. F. Schl. II, 312.
[3]) M. F. Schl. II, 313.

konstatieren lässt. Diese Punkte sind die revolutionäre
Tendenz des Buches, also die Polemik gegen das Bisherige,
und die subjektivistische Grundlage der neuen Lehre.

In seiner Polemik wendet sich Schleiermacher gegen
die Aufklärung und gegen jede Verunreinigung der Religion,
wie sie aus der Verquickung mit Wissenschaft, Moral und
Politik hervorgegangen ist. Denn nach ihm hat die Religion
mit alledem gar nichts zu tun: sie ist etwas ganz anderes,
das Schleiermacher in den verschiedensten Wendungen zu
definieren sich bestrebt. Alle seine Definitionen sind der
Ausdruck des Subjektivismus. Die Religion ist eine Modi-
fikation des Ich, die Hingebung des Ich an das All, die
Auflösung der Seele in ein unmittelbares Gefühl des Unendlichen und Ewigen. Jede positive Religion ist nur die
Erstarrung eines einst lebendigen Gefühls, und es sind
deshalb unendlich viele Formen der Religion erforderlich.[1]
Schon im Jahre 1797 hatte sich auch Friedrich Schlegel in
seinem Aufsatz über Lessing gegen eine herrschende ob-
jektive Religion ausgesprochen. Er sagt: „Ich weiss nicht,
ob man Lessing von dem Vorurteil einer objektiven und
herrschenden Religion ganz freisprechen darf, und ob er
den grossen Satz seiner Philosophie des Christianismus,
dass für jede Bildungsstufe der ganzen Menschheit eine
eigene Religion gehöre, auch auf Individuen angewandt
und ausgedehnt und die Notwendigkeit unendlich vieler
Religionen eingesehen hat."[2] Eine ähnliche Individuali-
sierung der Religion fordert auch Schleiermacher. Jedes
Individuum hat seine eigene Religion, sieht seine eigenen
Wunder, bildet sich seine Asketik selbst.[3] Wenn Schleiermacher trotzdem an einer einheitlichen Kirche festhalten
will, so ist diese, wie er sie charakterisiert, ein unbestimmtes,
schwankendes, unrealisierbares Ding. Sie soll so mannigfalt

---

[1] R. ü. R. 359. [2] M. F. Schl. II, 113. [3] R. ü. R. 155.

sein, dass jedes individuelle Gefühl darin Nahrung findet.
Ebenso subjektiv ist Schleiermachers Gottesbegriff. Er ist
Gefühlspantheist, und wenn sich ihm und anderen der
Name Gottes auf die Lippen drängt, wenn die Vorstellung
eines persönlichen Gottes im menschlichen Gehirn sich
bildet, so ist ihm dieser Gott eine Schöpfung des Ich, ein
psychologisches Postulat.[1]

Das Verhältnis Schleiermachers zum Christentum ist
ein doppeltes. Er preist es als die positive Religion, die
seinen religiösen Idealen am besten entspricht. Allein es
liegt in seiner Definition der Religion und deren Konsequenzen, in seinem ganzen religiösen Individualismus, dass
es keine allein richtige, ewige und unveränderliche Form
des Glaubens geben kann. Daher betrachtet er Christus
nicht als den einzig möglichen Mittler, hält neben oder
nach dem Christentum noch andere jüngere, schönere
Gestalten der Religion für möglich, ja er prophezeit solche
Neubildungen als nahe bevorstehend.[2]

Die „Reden über Religion" gehören der Jugendphase
der Romantik an, ebenso die im folgenden Jahre erschienenen
„Monologen", das hohe Lied des Individualismus. Wie
die Romantiker von diesen individualistischen Anschauungen
allmählich übergingen zum Gegenteil, Schleiermacher zum
historischen Christentum, Friedrich Schlegel zur Einheit
der katholischen Kirche, ist für die Darstellung von Rahels
religiösen Beziehungen zur Romantik von keiner Bedeutung. Rahel berührt sich hier, wie auf ethisch-sozialem
und auf politischem Gebiete, nur mit der Epoche des
romantischen Individualismus.

Wenn Schleiermacher und Schlegel mit den religiösen
Zuständen ihrer Zeit unzufrieden sind und dagegen kämpfen,
so hören wir auch von Rahel revolutionäre Tendenzen.

---

[1] R. ü. R. 199.   [2] R. ü. R. 199.

Auch sie erhofft und ersehnt eine neue Religion, und zwar
datieren ihre polemischen Äusserungen vom Jahre 1804
an. Kurz vorher hatte sich in Berlin der Kreis der Romantiker gebildet. Rahel verkehrte mit den Brüdern Schlegel
und besuchte die Vorlesungen Aug. Wilhelms. Die neuen
Ideen zirkulierten in den geistreichen Salons und brachten
in die gebildeten Kreise eine Fülle anregender Gedanken,
die wie ein Sauerteig wirkten. Es ist nicht möglich, aus
den Briefen Rahels eine direkte Beeinflussung nachzuweisen.
Es lässt sich nur konstatieren, dass wir nach dem Entstehen
der romantischen Schule, in ihren Briefen zerstreut, romantische Gedankenelemente finden. So ist ihr „die jetzige
Gestalt der Religion nur ein beinahe zufälliger Moment in
der Entwicklung des Gemüts und hält zu lange an".[1]
Eine neue Religion ist ihr „verkündet stark in der Seele".[2]
Das Objekt ihrer Polemik aber ist nicht das Schleiermachers.
Sie bekämpft nicht die Aufklärung und nicht die Verunreinigung der Religion durch Theologie und Moral. Sie
greift das Christentum selbst an, indem sie die Prinzipien
Schleiermachers zum Ausgangspunkte nimmt. „Die ganze
Lehre ist in einem Seelenzustande entstanden und erfunden, der nicht dauern kann."[3] So wendet sie die
Spitze des Subjektivismus gegen die christliche Religion,
vor der Schleiermacher als Christ ehrfurchtsvoll Halt
gemacht hatte. Nicht nur gibt sie zu, dass neben dem
Christentum andere Formen der Religion möglich seien,
sie sieht es jetzt schon in Ermattung begriffen und ersehnt
ungeduldig sein Ende.[4]

Später finden wir keine solchen antichristlichen Ausfälle
mehr. Sie trat selber zum Christentum über. Dieser Akt war
zwar in erster Linie die Voraussetzung ihrer Verheiratung mit

---

[1] B. R. I, 457.   [2] B. R. I, 504.   [3] B. R. I, 262.
[4] R. B. I, 263.

Varnhagen, hatte also einen äusseren, praktischen Grund.
Allein auch innerlich kam Rahel der christlichen Religion
allmählich näher. Die Jugendjahre mit ihrem Sturm und Drang,
mit ihrer Erwartung plötzlicher, naher Umgestaltungen gingen
vorüber, und es trat an ihre Stelle die Einsicht, dass alles Gegen-
wärtige und Zukünftige die Frucht einer langsamen Entwicklung ist. Unter den bestehenden Formen der Religion aber
musste ihr das Christentum mit seiner tiefen Innerlichkeit
und seinem ethischen Kern am nächsten stehen. Gegen
das Ende ihres Lebens wandte sie sich wieder dem Juden-
tum zu, das sie in ihrer Jugend gehasst, weil es ihre
Sonderstellung in der Gesellschaft verschuldet hatte.

Durch alle diese Wandlungen hindurch blieb Rahel der
Schleiermacherschen These treu, dass die Religion über dem
Dogma stehe. Sie hat nie einer positiven Lehre gehuldigt, auch
im Alter nicht, als sie sich mehr und mehr religiösen
Gedanken und Gefühlen hingab. Ein Ausspruch vom
Jahre 1826 zeigt deutlich, dass sie die Religion schlechthin
jeder positiven Religion überordnete: „Der Unterschied
von Religion und positiver Religion besteht darin, dass
die letztere ihr Prinzip in einer bestimmten Geschichte
hat und sich auf diese bezieht, und dass die erstere ihr
Prinzip und ihre Beziehung aus aller Geschichte und allem,
was für Menschen vom Geschehenen zur Erkenntnis kommt,
findet."[1])

Die Wurzel dieses dogmenlosen Glaubens kann auch im
Deismus des 18. Jahrhunderts gesucht werden und ist
erklärlich, auch wenn wir Rahel vom Zusammenhang mit
der Romantik losreissen. Allein ein spezifisch romantischer
Rest bleibt zurück in der subjektiven Färbung von Rahels
Religiosität, und da fällt wieder die Verwandtschaft zwischen
Rahel und Schleiermacher in die Augen. Was dieser an

---

[1]) B. R. III, 288.

die Stelle der von ihm niedergerissenen sogenannten
Religion setzen wollte, das ist ein subjektives Gefühl des
Unendlichen. Eine Äusserung dieses Gefühls ist in seinen
Augen nicht mehr Religion und wird, wenn es auf Allgemein-
gültigkeit Anspruch erhebt, zum Dogma. Deshalb ist das
Gemüt und nur das Gemüt die reine Quelle alles religiösen
Lebens. Nur der Abergläubige und der Heuchler halten
sich streng an ein Gegebenes.[1])

Ganz in derselben Weise denkt und fühlt Rahel. Auch sie
will sich ihre Religion selbst schaffen und weist jede äussere
Quelle der Gotteserkenntnis zurück. Es seien als Belege ihrer
ausgesprochen individualistischen Religiosität einige charakteristische Briefstellen zitiert: „So kann ich auch nichts lernen,
auch keine Religion . . . . können Sie also Marien einen positiven
Glauben über positive Ereignisse zu ihrer ewigen Ruhe
beibringen, so tun Sie es. Wird es ihr aber, ohne jene
Systeme wie Sie durchgegangen zu sein, nützen, wie es
Ihnen jetzt nützt? Das sagen sie mir; und kann ein
Mensch dem anderen — ohne Offenbarung — ein Religions-
gefühl, Meinung und Ansicht beibringen? Ist das nicht
der letzte intime Akt zwischen der Kreatur und dem, was
ich nicht nennen mag? In jedem Fall bin ich der Meinung,
dass sie die Bibel lese. Wonach ich auch stehe, ich Wald-
mensch. Nur um Gottes willen! Lassen Sie sie das Grosse,
Göttliche, Unendliche selbst finden. Wie frevel- und sünd-
haft, den Menschen nicht alle Fragen, nicht solche Ent-
deckungen selbst machen zu lassen!"[2]) (1811 an Fouqué.)
An ihren Bruder Robert schreibt sie fünf Jahre später:
„Lavater und Saint-Martin und andere solche grossartige
Seelen kommen wie aus einem religiösen Meere mit ihren
Gedanken hervor, ohne zu ihren Beweisen ein Stück
Religion vor sich zu nehmen und daraus eine strenge

---

[1]) R. ü. R. 107.   [2]) B. R. I, 584.

Mosaik von strengen Folgerungen und Axiomen einer bestimmten Religion zu machen, wodurch mir dann diese bestimmte bewiesen sein soll. Mein Urteil nimmt das nicht an, mein Geist sträubt sich, meine Seele empört sich gegen solche Zumutungen."[1]) In diesen Äusserungen ist die romantische Tendenz einer Subjektivierung der Religion unverkennbar.

Auch in der Auffassung des Gottesbegriffs zeigt sich eine Ähnlichkeit zwischen Rahel und Schleiermacher. Dieser erklärt den persönlichen Gott für ein psychologisches Postulat, was aus folgender Stelle hervorgeht, mit welcher er sich gegen den Vorwurf des Atheismus und des materialistischen Pantheismus verteidigt: „Wer nun die wenigen Worte beherzigt, die über den Pantheismus gesagt sind, der wird mir doch keinen materialistischen Pantheismus zutrauen und wird auch wohl bei einigem guten Willen finden, wie jemand auf der einen Seite es als fast unabänderliche Notwendigkeit für die höchste Stufe der Frömmigkeit erkennen kann, sich die Vorstellung eines persönlichen Gottes anzueignen, nämlich überall, wo es darauf ankommt, sich selbst oder anderen die unmittelbaren religiösen Erregungen zu dolmetschen, oder wo das Herz in unmittelbarem Gespräch mit dem höchsten Wesen begriffen ist, und wie derselbe doch auf der anderen Seite die wesentlichen Unvollkommenheiten in einer Vorstellung von einer Persönlichkeit des höchsten Wesens anerkennen, ja das Bedenkliche daran, wenn sie nicht auf das vorsichtigste gereinigt wird, andeuten kann. Auf diese Reinigung sind denn auch die tiefsinnigsten unter den Kirchenlehrern immer bedacht gewesen, und wenn man diese das Menschliche und Beschränkte in der Form der Persönlichkeit hinweg zu tilgen bestimmte Äusserungen

---

[1]) B. R. II, 557.

zusammenstellte, so würde sich zeigen, dass man alles zusammengenommen, ebensowohl sagen könnte, sie sprächen Gott die Persönlichkeit ab, als sie legten sie ihm bei."[1]) Das lebendigste Beispiel zu dieser Auseinandersetzung ist Rahel selbst. Sie spricht oft in ganz alttestamentlicher Weise von Gott, während sie zugleich bemüht ist, ihre Verpersönlichung Gottes zu entschuldigen oder ihren Gottesbegriff von allen sinnlichen, menschlich beschränkten Zutaten zu reinigen. Dies drückt sie besonders deutlich in folgendem aus: „Ich hasse jedes Bild, jedes willkürlich und kleinlich bestimmte, das wir uns von dem in kein Bild zu Fassenden machen wollen, selbst die allgemeine Vorstellung einer Persönlichkeit des Urseins ist mir beschränkt und willkürlich — aber ich kann nicht anders, ich bin doch immer wieder darauf zurückgewiesen, und ich kann es mir nicht nehmen lassen, das Weltall und die ganze geistige Schöpfung erscheinen mir doch nur als Glieder, zu denen es ein Haupt geben muss! Ohne persönlichen Gott kommt mir alles wie verstümmelt, wie dessen beraubt vor, das dem übrigen erst Leben, Schönheit und Bedeutung gibt."[2]) An anderer Stelle heisst es: „Wenn wir uns nun erst Gott nach allen unseren Kräften vorstellen, so ist es doch nur nach kleinem Muster und Konzeption. Drum sind alle redlichen Vorstellungen gleich; und auch eine persönliche nicht unerlässlich; eine Person wie Gott, das Bewusstsein des Alls, welches wir nicht sind, kann doch nicht statthaben."[3]) Auch in diesem Punkte ist nicht Schleiermacher allein mit Rahel geistesverwandt. Ähnlich empfanden Rousseau und Goethe. Hervorzuheben ist nur, dass während diese mit der Empfindung des höchsten Wesens, mit einem Glaubensbekenntnis, wie Fausts „Gefühl ist alles; Name ist Schall und Rauch, umnebelnd Himmelsglut", sich begnügen,

---

[1]) R. ü. R. 198.   [2]) V. D. VIII, 732.   [3]) V. D. VIII, 733.

Schleiermacher und Rahel mit dem Problem ringen, dieses
Gefühl analysieren, die Gottesvorstellung psychologisch zu
erklären suchen, und diese Gefühlsanalyse ist ein Charak-
teristikum der Romantik.

Rahels Übereinstimmung mit dem Verfasser der
„Reden" lässt sich nicht nur aus einzelnen Briefstellen
konstruieren. Sie selbst bekennt sich zu ihm in den
Notizen, die sie bei der Lektüre der dritten Auflage des
Werkes im Jahre 1821 machte.[1]) Einverstanden mit
Schleiermacher ist sie in den Hauptpunkten. Sie findet
sich selbst und ihre eigene innere Erfahrung wieder, wenn
sie die feine, psychologische Betrachtung über die Vorstellung eines persönlichen Gottes liest. Sie erkennt sich
selbst und ihr religiöses Fühlen in Schleiermachers Aus-
führungen, das Wesen der Religion und den wahren
Glauben betreffend. Freudig und begeistert stimmt sie ihm
zu, wenn er sagt, das religiöse Leben bestehe darin, dass
der Mensch sich hingebe dem Universum und sich erregen
lasse von ihm. Schleiermacher spricht ihr aus der Seele,
indem er verlangt, dass der wahre Glaube ein Produkt
eigener Offenbarung sei, und alles Nachdenken und Nach-
fühlen als unwürdigen Dienst verwirft. Rahel steht also
auf dem gleichen Boden, wie die revolutionäre Romantik.
Den Kern der neuen Lehre akzeptiert sie freudig, wenn
sie ihr auch selbständig gegenübersteht, d. h. nur das
billigt, was in ihrer Brust einen Wiederhall findet. Anderes
weist sie ohne Scheu zurück, so vor allem die scharfe
Trennung von Wissen und Religion. Sie kann dem Gefühl
nicht alles preisgeben. Wenn auch, wie sie zugibt, die
Religion sich nicht in die Wissenschaft mischen soll, so
doch umgekehrt die Wissenschaft in die Religion. Hier
zeigt sich das rationalistische Element in Rahels Natur:

---

[1]) B. R. III, 38.

Auch das Denken ist ihr eine Quelle religiöser Erkenntnis. — Sehr zufrieden ist Rahel mit der zweiten Schrift Schleiermachers, die ebenso oder noch mehr als die Reden das Gepräge des Individualismus trägt, mit den Monologen. Die Freundin Schleiermachers, Henriette Herz, schickte ihr das Büchlein, dessen „Eingebung und hohe Stimmung" Rahel sehr zusagt.

Die Geistesverwandtschaft zwischen Rahel und dem jugendlichen Schleiermacher wird ferner angedeutet in dem Aufsatze „Über Rahels Religiosität", den Varnhagen in seinen Denkwürdigkeiten aufbewahrt hat mit der unbestimmten Autorenangabe „Von einem ihrer älteren Freunde".[1]) Dieser spricht von dem lebhaften Anteil, den Fromme der verschiedensten Bekenntnisse und Richtungen an dem religiösen Gehalt des Buches Rahel genommen haben und zitiert die anerkennenden Worte eines angesehenen Geistlichen, in dem viele Schleiermacher vermuteten. Der Verfasser des Aufsatzes kommentiert dieses Gerücht mit den Worten: „Schwerlich hat Schleiermacher in seiner letzteren Zeit und über das Buch sich so geäussert. In seinen früheren Zeiten wäre ihm das Wort wohl beizumessen."[2]) Aus diesem Urteil ist wiederum die anfängliche Übereinstimmung zwischen Rahel und Schleiermacher ersichtlich, aber auch die spätere Entfremdung. Diese wird uns aber noch viel deutlicher und eindringlicher gemeldet durch Rahel selbst. Nicht so befriedigt wie von den beiden Erstlingsschriften Schleiermachers war Rahel von der „Weihnachtsfeier" vom Jahre 1806. Rahel blieb also auf dem Punkte stehen, von welchem Schleiermacher ausgegangen war, während sich dieser in der „Weihnachtsfeier" dem positiven Christentum näherte. Rahel empfand dies als ein Herabsteigen von

---

[1]) V. D. VIII.   [2]) V. D. VIII, 714.

einsamer Höhe. Vorher war er ihr die „hohe, scharfe
Seele" gewesen, die „still und einsam, also einfach war".
Nun hatte er sich „von fremdem Wollen berühren lassen".
Er wollte, nach ihrer Ansicht, etwas leisten, das nicht ur-
sprünglich sein war. Der grosse Beifall, der Verkehr mit
der geselligen Welt, hatte das Unbehagen in seinem
tiefsten, grossen Innern übertönt. Auf diese Weise erklärte
sich Rahel die Wandlung des Mannes, mit dem sie sich
einst innerlich verwandt gefühlt hatte, der, wie sie, den
Subjektivismus vertreten und nun allmählich einlenkte in
eine, wie es ihr schien, profanere Weltanschauung. Sie
schloss ihre Klage um den verlorenen Gesinnungsgenossen
mit den Worten: „So war er vor Halle gewiss einer der
ersten, reinsten Geister; von Halle kam er angebrochen
zurück und sank und sank bis zur Schmalzischen Schrift
herab. Von blossem falschen Lob und Loben und vom
Tumult, anstatt der keuschen, ehrwürdigen Seelen-
einsamkeit. Ich kannt' ihn wohl, liebt' ihn sehr, habe ihn
immer gekannt nnd sinken sehen. Er ist aber gross, und
wäre er jung und gesund genug, ich könnte ihm das alles
sagen, und wäre es wahr, mit Erfolg."[1]) Dies schreibt
Rahel im Jahre 1816. Vom Jahre 1820 findet sich noch eine
kurze Notiz, in der sie Schleiermacher als Prediger
kritisiert. Sie findet seine Predigt „mager, nüchtern, ge-
zwungen, auf Bibeltexte à la fortune du pot gemacht".[2])
Also auch hier derselbe Vorwurf! Sie vermisst den aus
dem Innern strömenden Quell und sieht an dessen Stelle
das Äussere, Gegebene gesetzt.

So entfernen sich die geistigen Jugendgenossen von ihr.
Schleiermacher wird ein gläubiger Christ, Friedrich Schlegel ein
Katholik. Des individualistischen Strebens müde, suchen sie
Ruhe im historisch Gegebenen und in der Einheit, in der sie ihre

---

[1]) B. R. II, 379.   [2]) B. R. III, 2.

Persönlichkeit aufgehen lassen. Rahel kann dies nicht. Sie ist zu sehr Person, um einem fremden System, einem System, das nicht aus ihrer Seele stammt, zu huldigen. Sie sucht und sinnt und strebt selbständig und unabhängig bis an ihr Ende. Deshalb ist ihr die Wendung, die viele ihrer Freunde machen, unsympathisch, und sie polemisiert in ihren Briefen eifrig gegen „den neuen Katholizismus". Sie sieht die Ursache dieser Erscheinung in der Trägheit. So schreibt sie von Brentano im Jahre 1829: „Clemens ruht sich wieder zu sehr beim Katholizismus aus; vorwärts, armer Clemens, je eher je lieber!"[1]) Ihr Subjektivismus sträubt sich gegen die Annahme fremder Glaubensformeln, ihre starke Individualität will nicht untertauchen in eine ihre Person verschlingende Einheit. Von ihrem subjektivistischen Standpunkte aus verurteilt sie die Anhänger der neuen Richtung als geistlose Nachsprecher. Deutlich ersichtlich ist dies aus folgender Stelle vom Jahre 1810: „Der neue Katholizismus geht ihm im Kopf herum und Kunst und Bilder und Musik, wie man davon spricht, und wie sie nur von denen aufgenommen werden, die von selbst nie darauf gekommen wären, die diese grossen Musengestalten nie im Weltwirrwar herausgefunden hätten." Und weiter führt sie aus, wie dies Assimilieren fremder Gedanken ein Zeichen innerer Leere und Anhäufung eines Scheinreichtums sei.[2]) Noch lauter klingt ihr Groll durch in einem Briefe vom Jahre 1817: „Wirklich, die, die sich vorsätzlich verstocken, sollten gar nicht glimpflich behandelt werden. Und Deutschland hat jetzt eine ganze Klasse solcher, wovon Schlegel die brütende Klucke war! Jeder, der nur einmal seine Überzeugung in sich zum Schweigen bringt oder einmal einem anderen nur nachspricht und sie gar nicht zu Worte kommen lässt, ist unrein, geistlos, zu

---

[1]) B. V. R. VI, 391.   [2]) B. R. I, 458.

allem Schlechten fähig; denn die Möglichkeit und der Anfang ist da! In mir sind solche von je ewig verurteilt."[1]) Es wäre leicht, diese Belege einer antikatholischen Gesinnung zu vermehren. Allein es ist unnötig, da sie alle das gleiche beweisen, nämlich Rahels Festhalten an den Idealen ihrer Jugend auch auf religiösem Gebiet.

Dennoch zeigt sich eine Berührung zwischen Rahel und der späteren Romantik, ein gewisser Hang zum Mystischen nämlich, der wohl von ihrem Subjektivismus abzuleiten ist. Denn gerade dadurch, dass sie nach religiösen Erkenntnissen nur im tiefsten Innern des Gemütes forschen will, nach eigenen Offenbarungen strebt, muss sie zu mystischen Stimmungen gelangen. So schreibt sie im Jahre 1817 an den Marquis de Custine: „Innere Erleuchtungen, Wunder, alles ist möglich; mir sind sie nicht fremd, ich erwarte sie immer und glaube sie ehrlichen Menschen."[2]) Im vorhergehenden Jahr erzählte sie dem nämlichen Freund: „Dieses Gärtchen und vier bis fünf Sonnenblicke, die ich, seit ich hier bin, teils auf den Wald fallen sah und teils auf die Türme, die ich aus meinen Vorderfenstern sehe, kann ich schwören, ist alle Sinneserfrischung, die ich hier genoss; diese Blicke knüpfen mich an mein voriges Leben, und dieses bringt mir noch eine sinnliche Ahndung von Zukunft hervor und auch wie ein Hell- und Dunkelschein, schnell durch die Seele ziehend. Dieser Umstand erinnert mich an die Geistesaufschlüsse, die Jakob Böhme beim Anblick eines blanken, zinnernen Tellers gehabt haben soll, welches mich schon vor fünf oder sechs Jahren, wo ich es zuerst hörte, nicht wunderte, weil ich von jeher ähnliches in mir erfahren hatte."[3]) Wie die Romantiker, greift also Rahel auf Jakob Böhme zurück, in dem sie nach seiner Weise

---

[1]) B. V. u. R. V, 303.   [2]) B. R. II, 441.   [3]) B. R. II, 427.

durch die Natur geistige Offenbarungen zu erhalten glaubt.
— Rahels Sinn für Mystik zeigt sich ferner in ihrer Vorliebe
für mystische Lektüre. Neben Saint-Martin war ihr der von der
Romantik zu neuem Leben erweckte Angelus Silesius die
liebste Quelle der Erbauung. Beide stehen auf mystisch-
pantheistischem Boden. Ihr Gatte gab im Jahre 1822 unter
ihrer Mitwirkung eine Sammlung von Sprüchen des Angelus
heraus. Die liebevolle Beschäftigung mit dem katholischen
Mystiker schien eine Brücke zu bilden, geeignet, Rahel
hinüberzuführen zum Katholizismus. Dies hoffte und glaubte
wenigstens Adam Müller, dem Varnhagen ein Exemplar
der Sprüche zugesandt hatte. Im Jahre 1820 schrieb
daher Müller an Rahel: „Die Vorrede habe ich gelesen und die Auswahl der Reime werde ich studieren
um Ihrer beider willen. Denn es ist kein kleines, einen
Geist wie Varnhagen auf diesem Wege zu finden.
Wiesels[1]) Entsetzen und meine Freude darüber waren
gleich gross. Dass die Sprüche des Angelus gewissermassen aus einer Region kämen, die über allen sogenannten
Konfessionen erhaben wäre, wie die Vorrede anzudeuten
scheint, kann ich natürlich nicht zugeben. Der Gedanke
aller Gedanken, die Menschwerdung Gottes, in seiner
ganzen Breite, Höhe und Tiefe, fast insoweit es Menschen
überhaupt möglich ist, von Angelus durchgeführt, gehört
nur einer bestimmten Konfession an. Es wird Varnhagen
bei allem seinem Verstande nicht gelingen, den Angelus als
einen von der Kirche unabhängigen Theosophen zu
konstruieren, noch auch die Philosophie dieses Dichters
mit irgend einem protestantischen System von Vernunft-
werdung Gottes in Übereinstimmung zu bringen. — Doch
das ist nun die geringste Sorge: Wie könnten solche
Augen, wie Ihre vier, dem Sonnenlicht entgehen?“[2])

---

[1]) Wiesel war der durch seinen Skeptizismus und Atheismus bekannte frühere Gatte Pauline Wiesels.   [2]) G. v. B. II, 149.

Wir sehen aus diesen Worten, dass Müller hoffte, Rahel
und Varnhagen würden den Weg finden, den er und Angelus
gegangen, den Weg zum Katholizismus; allein wir sehen
auch die unüberbrückbare Kluft, die zwischen ihm und
den beiden lag. Für Rahel und Varnhagen war Angelus
der über alle Konfessionen erhabene religiöse Seher, der
seine Offenbarungen in tiefsinnigen Sprüchen zu äussern
versucht hat, für Müller war er der Vertreter einer
positiven Lehre, des Katholizismus. Auch war Rahel trotz
ihres Hanges zur Mystik zu rationalistisch veranlagt, um
der Romantik in die dunkeln Abgründe des Gefühls zu
folgen. Wie in ihrem Charakter und in ihren politischen
Ansichten, finden wir in Rahels Religiosität einen
Dualismus. Neben dem starken Gefühl für das Über-
sinnliche lebte in ihr ein scharfer, Vernunftwahrheiten
fordernder Verstand. Dies zeigt sich äusserlich darin,
dass neben Lavater, Saint-Martin und Angelus Silesius
auch der Hauptvertreter der Aufklärung, Lessing, ferner
strengwissenschaftliche Denker, wie Fichte und Spinoza,
ihre Freunde und Lehrer waren, denen sie treu blieb, als
die Romantiker sich ganz der Mystik in die Arme
warfen. Sie selbst legt beredtes Zeugnis ab, dass sie nicht
nur das Gefühl, sondern auch das Denken als Quelle
religiöser Erkenntnis betrachtet, indem sie die einseitige
Lavatersche Auffassung vom Gebet zurückweist. Auch
Denken, Ergründen, Forschen ist in ihren Augen Gebet;
denn auch dadurch kommt man Gott näher.[1] Dieses
rationalistische Element bewahrte Rahel vor dem geistigen
Niedergang der Romantik.

Besonders zahlreich sind die Zeugnisse von Rahels
dogmenlosem religiösem Subjektivismus aufbewahrt in dem
Buche, das ihr Gatte im Jahre 1834. als Andenken an

---

[1] B. R. II, 439 f.

die Verstorbene der Öffentlichkeit übergab, in dem Buche
„Rahel". Gerade sein religiöser Gehalt machte auf die
Leser am meisten Eindruck. Wilhelm Neumann be-
richtet in seiner Rezension der eigenartigen, literarischen
Erscheinung, dass sie fast wie ein Erbauungsbuch wirke.[1])
Dies verdankte das Buch den Ausbrüchen eines religiösen
Gefühls, das, losgelöst von jeder konfessionellen Fessel,
frei, stark und mächtig dahinströmte und fromme Gemüter
unwiderstehlich mit fortriss. Aber auch der Freidenker
fand darin, was er suchte, die Opposition gegen jeden
äusseren Zwang in den intimsten Angelegenheiten der
Seele. Die Jungdeutschen sahen hier den Ausdruck ihres
eigenen religiösen Liberalismus. Prölss in seinem „Jungen
Deutschland" weist darauf hin, dass sie durch Rahels Ver-
mächtnis bestärkt wurden in ihrer Polemik gegen die Kirche.[2])
Hier trat ihnen die Gestalt des jugendlichen Schleiermacher
entgegen, der so vielen die Bahn zur Freiheit gewiesen,
und den nun die Orthodoxen als den Ihrigen beanspruchten.
Dadurch angeregt, befehdete Gutzkow die orthodoxe Geist-
lichkeit mit seiner Vorrede zu den „Vertrauten Briefen
über die Lucinde". In dieser Schrift, wie in dem Aufsatz
über Schleiermacher, den er nach dessen Tode publizierte,
hielt Gutzkow seinen frommen Feinden das Bild des unabhängigen Denkers Schleiermacher, der freie Liebe und
freie Religion gepredigt hatte, vor Augen. Auch sein Uriel
Acosta atmet den Geist der religiösen Freiheit, die sich
nicht dem äusseren Zwange beugen will, und wenn Char-
lotte Stieglitz bei der Lektüre des Buches Rahel über die
vielen ungelösten Fragen, über den Mangel an einer positiven
Wahrheit klagt, so sehen wir hinter Rahels Subjektivismus
die Skepsis lauern, die in der „Wally" ihren Ausdruck

---

[1]) Wilhelm Neumanns Schriften. Leipzig 1835. I, 428.
[2]) P. J. D. S. 553.

fand.[1]) In Rahels Briefen finden wir die Fäden, welche die Frühromantik mit dem jungen Deutschland verknüpfen. Auch auf religiösem Gebiete bot die einstige Anhängerin des Schleiermacher-Schlegelschen Kreises der neuen revolutionären Richtung reiche Anregung.

Literatur.

Rahel hat den intimsten Anteil genommen an allen künstlerischen Bestrebungen ihrer Zeit, ohne selbst produktiv mitzuwirken. Sie durfte von sich das stolze Wort sagen: „Mir geht's komisch. Sonst werden die Autoren besucht; ich bin ein elender Leser, und die Schreibenden suchen mich auf."[2]) Die Schriftsteller schätzten an ihr die Geistesfunken des Genies, die, wie Gentz sich ausdrückt, „weit grössere Räume erleuchten, als bogenlange Dissertationen".[3]) Ihre Aussprüche sind meist Eingebungen des Augenblicks und basieren nicht auf ernsten Kunststudien. Rahel ist in der Kritik die geistvolle Dilettantin mit all ihren Vorzügen und Fehlern. Deshalb vermissen wir bei ihr eine einheitliche Kunstanschauung. Ihr Geist erfasst überall das ihm Zusagende. Was in ihrem Innern einen

[1]) Diese Ansicht von einer Einwirkung Rahels auf die Entstehung von Gutzkows „Wally" finden wir bestätigt in Houbens Gutzkow-Funden. Dort heisst es: „Die Entstehungsgeschichte dieses Werkes ist bei der hier behandelten Frage aus mehreren Gründen von Wichtigkeit. Der Konflikt des Romans und seine Lösung sind die Reaktion einer Zeitströmung, die in einer Jüdin, Rahel Varnhagen, ihren Höhepunkt erreichte. Menzel vermutete sogar bei Besprechung der Varnhagenschen Publikationen über Rahel, dass die Idee zu dem „verrufenen" Roman „Wally" aus Rahels Briefen geschöpft sei. Mitgearbeitet hatte sie gewissermassen daran; Gutzkow hatte nämlich manche private Äusserung Rahels, z. B. das Christentum eine Anekdote zu nennen, darin aufgenommen, was Varnhagen empörte." (Gutzkow-Funde von Dr. Heinrich Hubert Houben. Berlin 1901. S. 181.)

[2]) B. V. u. R. II, 47.   [3]) G. v. B. VII, 251.

Wiederhall findet, preist sie, sei es nun von dieser oder jener Schule. Rahel ist auch hier durchaus Subjektivistin. Einen festen Punkt jedoch, ein künstlerisches Ideal besass sie, Goethe, und darin berührt sie sich mit der Jugendepoche der Romantik, deren Mittelpunkt, Friedrich Schlegel, eine Zeitlang in Goethe die Morgenröte einer neuen Dichtkunst sah. Für sie ist Goethe der Dichter, der Offenbarer alles menschlichen Denkens und Fühlens. Sie, wie die Romantik, interessiert sich vor allem für den Wilhelm Meister. Friedrich Schlegel schreibt 1798 einen Aufsatz „Über Goethes Meister" und erklärt in seinen kritischen Fragmenten: „Wer Goethes Meister gehörig charakterisierte, der hätte damit wohl eigentlich gesagt, was es jetzt an der Zeit ist in der Poesie."[1] Im Athenäum nennt er die französische Revolution, Fichtes Wissenschaftslehre und Goethes Meister die grössten Tendenzen des Zeitalters. Tieck empfängt von Goethes Roman die Inspiration zu seinem Sternbald. Kurz, die ganze Frühromantik sieht in diesem Kunstwerk den Anfang einer neuen Epoche der modernen Literatur. Auch bei Rahel steht der Meister im Mittelpunkt des Interesses. Sie findet in den Personen des Romans die Genossen ihrer eigenen Leiden und Freuden. Sie bewundert die tiefe Welt- und Menschenkenntnis des Dichters, die sie sich in naiv anschaulicher Weise erklärt. Sie sagt darüber: „Friedrich aber, im letzten Teile, den hat er sprechen hören, das erfindet auch er nicht. Wie er denn überhaupt oft gehorcht haben muss, und das Vertrauen aller Arten von Menschen muss zu besitzen gewusst haben. Neben seinem einzigen Sehen."[2] Einer daniedergebeugten Freundin rät sie an, den Meister zu lesen, wie man die Bibel im Unglück liest.[3] Sie findet in ihm einen Spiegel des Lebens. „Mit einem Zauberschlage hat Goethe durch dies Buch die ganze Prosa unseres

---

[1] M. F. Schl. II, 201. [2] B. R. I, 168. [3] B. R. I, 293.

infamen, kleinen Lebens festgehalten, und uns noch anständig genug vorgehalten."[1])

Rahel lässt den Roman, das sehen wir aus allen ihren Urteilen, direkt auf ihr menschliches Empfinden wirken. Von ganz anderen Gesichtspunkten aus geht der Wilhelm Meister-Kultus der Romantik. Als Friedrich Schlegel die Antike studierte und dort Schönheit und vollendete Kunst fand, kam er zu einem für die Modernen höchst ungünstigen Resultat. Goethe allein schien ihm den Alten vergleichbar durch seine Objektivität. Schlegel schritt von der „Objektivitätswut" weiter zur Fichteschen Wissenschaftslehre, fand aber Mittel und Wege, seine zwei entgegengesetzten Ideale, Fichte und Goethe, zu verbinden. Les extrèmes se touchent. Extremste Objektivität und extremster Subjektivismus führen zum gleichen Ziel, zur künstlerischen Freiheit. Goethe von seinem objektiven, Tieck von seinem subjektiven Standpunkt aus stehen über dem Stoff. Deshalb ist der Meister auch später noch das grosse Kunstwerk für Friedrich Schlegel, passt auch später noch in den Rahmen seiner Theorie; denn Goethe „scheint auf sein Meisterwerk selbst von der Höhe seines Geistes herabzulächeln".[2]) Friedrich Schlegel findet in Wilhelm Meister das Kennzeichen echter Poesie, die künstlerische Ironie. Dies ist die romantische Betrachtungsweise des Meister. Während Schlegel nach künstlerischen Motiven urteilt, ist Rahels enthusiastisches Lob von rein menschlich psychologischem Interesse diktiert. Abgesehen von dieser·Differenz bleibt zwischen Rahel und der Romantik ein Gemeinsames: die Vorliebe für den grossen Bildungsroman.

Auch in der Iphigenie treffen sich ihre Sympathien. Walzel führt im 13. Bande der Schriften der Goethe-Gesellschaft „Goethe und die Romantik" aus, wie dieses von vielen mehr angestaunte als empfundene und verstandene

---

[1]) B. R. I, 383. [2]) M. F. Schl. II, 171.

Kunstwerk im Kreise der Schlegel durch Caroline Böhmer
eine geistvolle Interpretin fand.[1]) Rahel gehört nicht zu
denen, die der Iphigenie kalt gegenüberstanden. Sie ist
zwar viel später in dieses Drama eingedrungen, als Caroline.[2])
Erst im Jahre 1796 schreibt sie an Veit: „Iphigenie lasen
wir gestern. Tasso vorher; wie die Iphigenie ist! Nun
goutiere ich sie erst recht."[3]. Beim Gedanken an eine Aufführung des Stückes in Berlin gehen ihr „Schwertstreiche
durchs Herz"; denn weder Schauspieler noch Publikum scheinen
ihr der Dichtung würdig zu sein.[4]. Näher noch als die
Iphigenie steht ihr der Tasso. Unzählig sind die Stellen,
in denen sie ihn zitiert, und wenn Goethes Werke in eine
Rangordnung gebracht werden sollten, würde nach ihrer
Ansicht Tasso obenan stehen.[5])

Rahel ist vielleicht die unbedingteste Goetheverehrerin
gewesen. Nie kritisiert sie ihres grossen Meisters Schöpfungen. Sie nimmt sie hin als hohe Gabe, und wenn sie
sie nicht gleich versteht, so ist der Fehler nicht an der
Dichtung, sondern an ihr. Dann muss sie eben in den
Sinn einzudringen versuchen, bis er ihr erschlossen wird.[6].
Varnhagen nennt einmal Rahel die Priesterin Goethes.[7])
und mit Recht. Allen, die dem Verehrten lau oder skeptisch
gegenüberstehen, sucht sie die Augen zu öffnen für das,
was ihres Lebens Schönstes und Höchstes ist. Daher mag
es kommen, dass man sie auch als die erste bezeichnet
hat, welche Goethe bekannte und würdigte. In der Einleitung zum Buche „Rahel" beansprucht Varnhagen für
sie in Bezug auf die Goethe-Verehrung die Priorität vor den
Brüdern Schlegel, indem er sagt: „Die Liebe und Verehrung für Goethe war durch Rahel im Kreise ihrer Freunde

---

[1]) Daselbst S. XI.   [2]) Nach Walzel ist es schon 1784 Carolines
höchster Stolz, die Iphigenie im Manuskript zu besitzen.
[3]) B. R. I, 164.   [4]) B. R. I, 257.   [5]) B. R. I, 247.
[6]) B. R. I, 460.   [7]) B. V. u. R. IV, 281.

längst zu einer Art von Kultus gediehen, nach allen Seiten
sein leuchtendes, bekräftigendes Wort eingeschlagen, sein
Name zur höchsten Beglaubigung geweiht, ehe die beiden
Schlegel und ihre Anhänger, schon berührt und ergriffen
von jenem Kultus, diese Richtung in der Literatur festzu-
stellen unternahmen."[1]) Varnhagen behauptet also, die
Brüder Schlegel seien durch den Goethe-Kultus des Rahel-
schen Kreises beeinflusst worden, Rahel sei somit der Ausgangspunkt der Goethe-Verehrung der Romantik. So
äusserlich ist nun Friedrich Schlegels Bevorzugung des
grossen Dichters nicht zu fassen. Diese wurzelt doch wohl
vor allem, wie schon oben dargetan wurde, in den Re-
sultaten seines Studiums der Griechen, deren Objektivität
Goethe von allen modernen Dichtern am nächsten kommt.
Den äusseren Anstoss zu dieser Erkenntnis aber haben die
Brüder Schlegel nicht Rahel, sondern Caroline Böhmer zu
danken, auf deren Einfluss Walzel auch in dem Artikel
Rahel der Allgemeinen Deutschen Biographie hinweist.
Er sagt dort: „Lange, ehe in Berlin der Name Goethe
gefeiert wurde, sprach ihn Caroline Böhmer in Göttingen
mit weihevoller Bedeutung aus; von ihr lernten die
Schlegel Goethe verstehen, in ihrem Kreise zitierte man
zum ersten Male den viel missverstandenen, vielgeschmähten
„Faust", so wie wir ihn heute zitieren."[2]) Endlich ist
durch kein Zeugnis verbürgt, dass Rahel wirklich der Ausgangspunkt des Goethe-Kultus in Berlin war. Walzel vermutet, dass Rahel erst durch K. Ph. Moritz den Anstoss
zu ihrer Goethe-Bewunderung erhalten habe. Immerhin
gibt er zu, dass sie als eine der ersten von dem Genius
Goethes ergriffen wurde. Dies wird bestätigt durch einen
Brief Brinkmanns an Rahel vom Jahre 1795, in welchem

---

[1]) B. R. I, 22.   [2]) A. D. B. 39, 785; vgl. jetzt auch Euphorion
VIII, 427 ff.

dieser von der „alten, glühenden Sehnsucht" seiner Freundin, von Goethe gekannt zu sein, redet.[1])

Wenn auch Rahel nicht als die erste Verehrerin Goethes gelten darf, so ist sie doch neben Bettina die treueste. Sie macht den Goethe-Kult nicht nur so lange mit, als er zu den Theorien ihrer romantischen Freunde passt. Goethe ist ihr mehr als die Erfüllung eines Kunstprinzips, er ist der mit ihrem Denken und Fühlen innig verwachsene Freund. Deshalb bleibt sie ihm treu durch alle Wandlungen des Zeitgeschmacks hindurch, und wenn die Schlegel, die später über Goethe hinausgekommen zu sein glaubten, in anmassender Missbilligung über ihn urteilen, dann kann Rahel böse werden und in harte Worte über die Angreifer ausbrechen, wie z. B.: „Friedrich Schlegel schimpft auf Goethe. Dafür bleibt er wo er ist, und wird dumm."[2]) Aus dem gleichen Grunde fordert August Wilhelm ihren Zorn heraus. Im Jahre 1829, während eines Aufenthaltes in Bonn, besuchte Varnhagen den alten, wunderlichen Gelehrten, der in seiner masslosen Eitelkeit Goethe herabzusetzen sich bemühte. Varnhagen zankte sich deshalb heftig mit ihm herum. Rahel, welcher er brieflich die ganze Szene eingehend schilderte, dabei seinen Überzeugungsmut ins hellste Licht rückend, schrieb ihm darauf: „Ich sage Dir, dass ich diesen Morgen Deinen Brief mit der herrlichen Schlegel-Szene erhielt. Ich zwar hätte es anders gemacht. „Hören Sie, bei Ihnen kann ich länger nicht bleiben. Sie sind nicht der Vernünftige, der ich dachte. In nichts. Und zeigen mir zu sehr, dass Sie von der ganzen Natur nichts wissen, noch sehen: eben dadurch, dass Sie gar nichts von Goethen sehen. Leben Sie wohl!""[3])

Es gehört nicht in den Rahmen dieser Darstellung, Rahels Verhältnis zu Goethe erschöpfend zu behandeln.

---

[1]) Ungedruckt.   [2]) B. R. II, 260.   [3]) B. V. u. R. VI, 379.

Was die geistvolle Frau an tiefsinnigen Gedanken, an feinen Aperçus über die Werke ihres geliebten Dichters geäussert, wäre allein einer auffrischenden Bearbeitung wert. Hier muss es genügen, darauf hinzuweisen, dass Rahel mit der Romantik die Goethe-Verehrung teilte, dass sie mit daran arbeitete, das Verständnis für den damals oft verkannten Dichter zu fördern und ihm seine hohe und höchste Stellung in der deutschen Literatur zu sichern.

Die Romantik hat neben Goethe Shakespeare auf den Schild erhoben. Sie erst hat dem deutschen Publikum den grossen Briten in seiner wahren Gestalt geschenkt; sie hat ihn in der Theorie gepriesen und durch die Praxis nachgeahmt. Rahels Stimme tönt laut mit in dem Chore der Shakespeare-Verehrer. Sie weiss das Geschenk der Romantik zu schätzen, und ihre Zitate aus Hamlet, Macbeth usw. zeigen, dass sie sich tief hineingelesen hat in Shakespeares Werke. Gerne drängen sich seine gedankenschweren Worte in ihre Feder, und oft muss eine Shakespeare sche Gestalt ihren Stimmungen den Ausdruck leihen. Sie selbst nennt sich „eine Verwandte und élève von Shakespeare".[1])

In einem dritten grossen Namen vereinigen sich Rahel und die Romantik, in Fichte. Dieser ist die Wurzel des Persönlichkeitskultus, den auch Rahel mitmachte. Sie war mit seinen Schriften wohl bekannt und also direkt von ihm inspiriert. Fichtes Wort von den innigen Beziehungen zwischen dem Charakter des Menschen und seiner Philosophie trifft bei ihr zu; denn ihr temperamentvolles Naturell war für Fichtes Ichlehre, für seinen hochstrebenden Idealismus ein geeigneter Boden. Rahel hat sich viel mit Philosophie beschäftigt; das abstrakte Denken sagte ihr zu. Sie kannte Spinoza, Schelling, Hegel. Aber Fichte war ihr Leibphilosoph,

---

[1]) B. V. u. R. I, 112.

auf den sie sich in ihren eigenen Gedankenoperationen
stets besann und berief, den sie anderen Denkern
kritisch prüfend zur Seite oder gegenüber stellte.[1]) Sie
nannte ihn ihren „lieben Herrn und Meister", und von
ergreifender Beredsamkeit ist die Klage, die sie bei seinem
Tode erhebt: „Lass uns doch zuerst von unserem verehrten Lehrer und Freund sprechen, dem ich Ehre und
Leben in die Hand gegeben haben würde, ohne noch hin-
zusehen; dem ich das tausendmal in die Augen hineindachte,
und nie sagte, welches ich jetzt grimmig bereue, weil
einem Menschen von anderen edlen, denkend, nichts Höheres
werden kann, und wozu ich Elende nie den Mut hatte!
Lass uns von Fichte sprechen! — Deutschland hat sein
eines Auge zugetan; wie ein Einäugiger zittere ich nun
erst für das andere!... Nun kann ja Unverstand, Lüge,
Irrtum, auf dem ganzen Grund und Boden der Erde umher-
wuchern und wie üppiges, ungesteuertes Unkraut ihr alle
Kräfte nehmen und sich aneignen: keiner rottet es mehr
aus; pflanzt, befördert, macht ihm Platz, säet ihn aus, den
reinen nährenden Weizen, der Geschlecht zu Geschlecht
verbessernd zu geleiten vermag! Fichte kann umfallen
und faulen! Das ist nicht Zauber? Krank wie ich war,
fand ich es vorgestern unvermutet in der hiesigen Zeitung
„aus Berliner Blättern". Ich weiss nicht, ich war beschämter
als erschrocken. So gedemütigt! Fast beschämt, dass ich
leben geblieben bin: und dann wieder eine wahre Furcht
vor dem Tod empfindend. Wenn Fichte sterben muss!
Dann ist niemand sicher. Mich dünkt immer, Leben schützt
vor dem Tode: wer lebte mehr als der? Tot ist er aber
nicht. Gewiss nicht! Wenn ich Dir die Torheiten sagen
sollte, die ich mir schon gewiss gedacht! Ich rief ihn an,
ihm zu! O, und was dachte ich noch alles ... Fichte konnte

---

[1]) B. R. III. 267, 275, 313.

also nicht erleben, dass sich die Länder vom Krieg erholten,
Zäune wieder aufgebaut würden, dem Bauer geholfen, den
Gesetzen nachgeholfen, dass die Schulen sich wieder her-
stellten und füllten; dass gewitzigte Staatsleute ihnen von
den Fürsten Schutz verschafften; dass Gesetze erfunden
und ausgefeilt würden; dass die Denker frei, ohne den
Augenblick zu schaden, sie Volk und Regenten zur Geistes-
prüfung vorlegen dürften; dies selbst ein Glück, zu aller
Zukunft Glück! Der Mann, der dies, und also Deutsches,
was allein so genannt werden dürfte, nur einzig und
allein beabsichtigte, missverstanden von den meisten Mit-
lebenden! Also auch er soll nicht aufgehen sehen, was
er aus den dunkeln Schluchten, im Schweisse seines
Angesichts, in dem ganzen Aufwand seiner Seelenkraft,
hervortrieb?"[1]) Diese Stelle wurde ganz zitiert, weil daraus
hervorgeht, wie richtig Rahel Fichte namentlich in zwei
Punkten aufgefasst hat. Sie erkannte und empfand das
kräftige Leben, die unbeugsame Energie, welche in Fichtes
Persönlichkeit und in seiner Philosophie pulsierte, und wies
dann in gerechter Würdigung hin auf den grossen er-
ziehlichen Einfluss, den der Verfasser der „Reden an die
deutsche Nation" auf die Entwicklung Deutschlands ausgeübt hat. Sie selbst war durchdrungen von seinem Geiste.
Er hatte „ihr bestes Herz herausgekehrt, befruchtet",[2]) und
ihre Briefe sind trotz des Schmerzes, dem sie oft Ausdruck
verleihen, getragen von der Kraft und Energie, von dem
vertrauenden Optimismus ihres verehrten Meisters.

Unter den weniger bedeutenden Lehrern der Romantik
ist Heinse als Liebling Rahels zu nennen. Es ist sein
Sensualismus, der sie mit Entzücken erfüllt. Heinse
stimmt sich nicht erst „katholisch, katalogisch, chronologisch,
papstmittelaltrig-geschichtlich", wenn er ein Gemälde

---

[1]) B. V. u. R. III, 297.   [2]) B. R. I, 311.

beschreiben will. Er braucht nur „seine richtigen fünf
Sinne“. Die Rubenssche Landschaft „atmet er ein, er riecht
sie“. Darum findet Rahel seine Gemäldebeschreibungen
so voll sinnlicher Lebendigkeit, so ganz anders als diejenigen Friedrich Schlegels, der nach ihrer Ansicht weit
hinter seinem glänzenden Modell zurückgeblieben ist.[1]
Rahel teilte mit der Romantik nicht bloss Sympathien,
auch in kühler Ablehnung und Antipathie geht sie oft
einig mit ihr. Da ist vor allem Schiller zu nennen.
Schmidt-Weissenfels vermutet, dass ihre teilweise Abneigung gegen Schiller von Friedrich Schlegel genährt worden
sei.[2] Rahel selbst motiviert ihr Verhältnis zu dem von
der Romantik misskannten Dichter durch ihre Liebe zu
Goethe, wenn sie sagt: „Ich vergötterte Schiller, weil er
eine lehrsame Seele war. Ich liebte ihn ganz, war voller
Freude, ihn so liebenswert und würdig zu finden. Aber
da kommt Goethe mit seiner Macht, seinen Zeilen, seiner
Vollendung und Vorstellung, Denken, Reife, Vollendung
und Gewalt des Ausdrucks, kampfgekämpfter Weisheit,
beschauender, überschauender Melancholie, weiser aus-
gerungener Heiterkeit, mit seiner vue d'oiseau, mit seinem
Sternenblick, mit der Götterbrust, an der man nicht allein
ruht, sondern Ruhe findet, und allen anderen Dichtern
fehlt etwas: — Grosses.“[3] Also Goethe mit seinem Reichtum und seiner Universalität hat den in ihren Augen
ärmeren Schiller verdrängt und.verdunkelt. Das ist aber
wohl nicht der einzige Grund zu Rahels Verhalten. Ihre
Kälte gegen Schiller ist mehr als blosse Bevorzugung
Goethes. Sie hat ja auch für andere, Geringere, warme
Worte der Anerkennung, für Schiller selten oder nie. Sie
spricht überhaupt wenig von ihm, und wenn sie es tut,
so tadelt sie meist, oder sie äussert sich über ihn mit

---

[1] B. V. u. R. I. 179.   [2] Sch.-W. 70.   [3] B. V. u. R. VI, 169.

einer wenig schmeichelhaften Rührung und Pietät in der Weise, wie nach Julian Schmidt Tieck von Schiller spricht, nämlich immer mit Anwendung eines epitheton ornans, wie „unser Schiller", „der edle Schiller". Für seine Schwächen hatte Rahel ein scharfes Auge; seine Grösse sieht sie nicht. Die Theater-Enthusiastin hat kein Lob übrig für die herrlichen Dramen, die Schiller Jahr um Jahr der deutschen Bühne schenkt. Sie weiss an den Meisterwerken nur zu mäkeln. Sie spottet über Thekla, die „auf Maximen schreitend, zum nichts hintrabt, wankt und stolpert,[1] die ohne Knochen, Muskeln und Mark, ganz ohne menschliche Anatomie sich bewegt, wo gar keine menschlichen Glieder sind".[2] Ein andermal muss die „gute und auch beliebte Jungfer Orléans" herhalten, die in ihren Augen an Werners „Luther" nicht heranreicht.[3] Wenn auch einzelne Urteile Rahels ihre Berechtigung haben, so scheint doch die gänzliche Ignorierung von Schillers grossen Eigenschaften tendenziös zu sein, und hier ist Rahel gewiss von der schillerfeindlichen romantischen Strömung beeinflusst.

Zu den Produkten der Romantik selbst steht Rahel nicht in so intimem Verhältnis, wie zu den Schöpfungen eines Shakespeare oder Goethe. Den Romantikern gegenüber ist sie nicht bloss die dankbar Empfangende und Geniessende, sondern die prüfende Beurteilerin, und da sie die Werke der neuen Dichterschule nicht mit dem Massstab der romantischen Theorie, sondern an ihrem subjektiven Empfinden oder an dem grossen Vorbild Goethe misst, so fällt ihre Wertung bald höher, bald niedriger aus. Unter den romantischen Dichtern ist keiner, der ihre unbedingte Billigung findet. Am meisten innere Verwandtschaft mit ihr hat wohl Novalis. Schon die spekulativ-religiöse

---

[1] B. R. I, 296.   [2] B. R. II, 67.   [3] B. R. I, 292.

Richtung des jungen Denkers und Dichters musste sie an-
ziehen, und es reizt sie, seine oft schwerverständlichen
Aphorismen auszulegen. Es ist ja dies ihr eigenes Genre
literarischer Betätigung, Gedankenblitze hinzuschleudern,
deren flüchtigen Schein zur leuchtenden Flamme anzufachen
sie anderen überlässt. Deshalb interessieren sie Novalis
fragmentarische Äusserungen so, dass sie im Jahre 1824
eine ganze Reihe seiner Aphorismen in meist zustimmendem
Sinn kommentiert.[1]) Auch sonst zitiert sie Novalis gern
und spricht seinen Namen nur mit Liebe und Verehrung
aus. Seinen gegen Goethe gerichteten Ofterdingen aber kann
sie ihm nicht hingehen lassen. Klar und scharf hebt sie
hervor, dass die „Poesie der Poesie", welche Goethes
Poesie des realen Lebens im Meister übertrumpfen möchte,
ein Irrtum ist. Sie sagt: „In Ofterdingen und ähnlichen
Unternehmungen herrscht das Bemühen zu zeigen, was
Poesie ist: und daher werden diese Anfertigungen gerade
unpoetisch. Poesie ist in der Natur, das will sagen da,
wo unser Geist ein Freies, Bedeutungsvolles wahrzunehmen
vermag; also auch in der Natur der Begebenheiten und
den Vorfällen des menschlichen Lebens, und folglich in
den Schilderungen desselben. Diese täglich zu schauenden
Weltereignisse, in einem beliebigen Raum, wie in Email,
zwar klein und fein gemalt, doch fasslichst, farbeglänzend,
deutlichst und klar dargestellt, in Weitblick erfasst, aus
langer, vielfältiger Beurteilung ergriffen und erwählt, aus
den tiefsten Betrachtungen hervorgegangen und mit ihnen
geschmückt, obgleich nur damit bekleidet, in gebildetster,
noch lange nachzuahmender — denn noch lange wird die
Nachahmung neu bleiben — Sprache vorgetragen: das ist
ganz gewiss Dichterwerk und Poesie, und mit dieser Skizze
von Erörterung ist es hier schon unwiderleglich, dass

---

[1]) B. R. III, 141.

Wilhelm Meister etwas anderes ist, als wofür der grösste
Geist, Novalis, ihn hält."[1]) Darauf folgt eine Charakteristik
Hardenbergs, der nach Rahels Meinung zu hoch über dem
realen Leben steht, um es darstellen zu können, der des-
halb „neue Gegenstände für die Poesie erfinden will".
Und diesen Versuch bezeichnet Rahel als Irrtum. „Irrtum!
Das Wort steht hier," schliesst sie, „von meinem verehrten,
unsäglich geliebten Hardenberg."[2])

Tieck, mit dem sie durch ihre dramaturgischen Interessen in nahe Beziehung tritt, erntet als Dichter selten
ihr Lob. Mit scharfer Kritik bedenkt sie im Jahr 1813
den „Phantasus", bei dessen Lektüre sie „das Neue er-
fährt, dass man die klügsten, ja feinsten Dinge sagen und
über Gebühr langweilig dabei sein kann". Der Dialog,
„dieses fortfliessende Leben mit seinen unendlichen Voraus-
setzungen, durch die kleinsten aber bestimmtesten Züge
deutlich gemacht", gelingt nach ihr „nur den lebhaftesten,
gründlichsten leichtesten Bemerkern", und zu diesen zählt sie
Tieck nicht. Sie findet seine Reden „roh zusammengestoppelt",
ohne klare Beziehung zur Situation und zu den Handelnden.
Rahel spricht Tieck überhaupt die Gabe ab, „ein Stück
Leben in ein Buch zu fassen, wie Goethe".[3]) Also auch
hier das Verlangen nach realem Leben in der Poesie, kein
Wort der Anerkennung für das freie Spiel der Phantasie.
Ebensowenig weiss sie Tieck Dank für zwei Schriften,
welche er ihren Lieblingsdichtern, Goethe und Shakespeare,
als Huldigung darbringt. In beiden vermisst sie die aus
der Wirklichkeit geschöpfte Gestaltungskraft; beide sind
in ihren Augen der grossen Meister nicht würdig. Die
Novelle „Dichterleben" bietet ihr eine falsche Charakteristik
Shakespeares, und die Schilderung des Lokalen empfindet
sie als blosse äusserliche Nachahmung. Das Ganze erscheint

---

[1]) B. R. III, 137.   [2]) B. R. III, 137.   [3]) R. R. II, 81.

ihr als „Tiecks alte Krankhaftigkeit, dass er die Welt nicht frisch in sich aufnehmen kann und nur darstellen will, nur grübelt, wie Dichter und Literatoren sie wohl gesehen haben."[1]) Noch schroffer spricht sie sich über seine Apologie Goethes in der Novelle „Der Mondsüchtige" aus. Hier rügt sie entschieden die romantische Kunst, die nicht auf realem Boden steht, sondern das Wirkliche durch phantastische und willkürliche Vorstellungen ersetzen möchte. Tiecks „Räsonnieren über Goethe" ist für sie ein ohnmächtiger Versuch, uns den Herrlichen näher zu rücken.[2]) Nur einmal begegnen wir einer unbedingten Anerkennung des Dichters Tieck aus Rahels Feder. In einem Briefe an ihn selbst vom Jahre 1823 preist sie in etwas überschwenglichem Lobe seine „Reisegedichte",[3]) deren freie Rhythmen, vielleicht durch sie angeregt, Heine in den „Nordseebildern" nachgeahmt hat.

Über die schriftstellerischen Leistungen der Brüder Schlegel äussert sich Rahel selten. Friedrich steht ihr näher, als Aug. Wilhelm, schon durch die Tendenzen seiner Jugend, die auch die ihren sind. Haym weist darauf hin, dass Rahel dem Verfasser der Lucinde in dem kühnen Unterfangen, durch sein Buch neue ethische Ideale aufzustellen, ermutigt hat, als sein ängstlicher Bruder ihm den Druck der „törichten Rhapsodie" widerriet.[4]) Ihre Zustimmung erwähnt Friedrich in einem Briefe an Wilhelm. „Die Levy meint, ich soll mich auf dem Titel nicht nennen, übrigens aber nichts schonen. Das lässt sich hören, besonders das letzte."[5]) Auch in seinen „Ideen" zeigt sich zwischen den beiden eine nahe Geistesverwandtschaft, welche Friedrich selber zugibt. Er schreibt 1799 von Jena aus an Rahel:

---

[1]) B. R. III, 224.   [2]) B. R. III, 567.
[3]) Briefe an Tieck, hsg. von Karl von Holtei. Breslau 1864. IV, 142.
[4]) Haym, Romant. Schule p. 495.
[5]) Friedr. Schlegels Briefe an seinen Bruder, hsg. v. O. Walzel p. 402.

„Mit der Dedikation der Ideen an Novalis das ist weder
so ernstlich noch so schlimm gemeynt, dass ich mich nicht
sehr freuen sollte, wenn eine verwandte Seele die ihrigen
in diesen hingeworfenen Winken wieder findet."[1]) Auch
später, wenn die Wege beider auseinandergehen, findet
Rahel in Friedrichs Schriften immer noch verwandte, ihr
sympathische Töne. So nennt sie seine Vorlesungen über
Geschichte geistvoll, „stellenweise gut geschrieben und sehr
oft äusserst schlecht".[2]) Über seine „Philosophie des Lebens"
äussert sie „freudigstes Lob und offenen Tadel" und ist für
einzelne schöne Stellen dankbar.[3]) Ganz anders beurteilt
sie den älteren Bruder, an dessen Schriften sie gar nichts
zu loben weiss. Seine französische Abhandlung über die
beiden Phädren bezeichnet sie in den schärfsten Ausdrücken
sprachlich und inhaltlich als durchaus verfehlt.[4]) Über die
Schrift „Sur le système continental" ist sie empört, da sie
darin nur oberflächliche, charakterlose Urteile findet.[5]) Diese
wenigen Sätze sind alles, was uns Rahels schriftlicher
Nachlass an kritischen Äusserungen über die literarische
Wirksamkeit der Schlegel bietet. Wir begreifen dieses
spärliche Ergebnis, wenn wir bedenken, dass die Hauptbedeutung der beiden Brüder auf ästhetischen Gebiete
liegt, auf einem Gebiet also, dem Rahel wenig Interesse
entgegenbrachte. Sie betrachtete ein Kunstwerk selten mit
dem Auge des Künstlers, immer und in erster Linie mit
dem Auge des Menschen.

Auch die Werke der jüngeren Romantik spielen in
ihren Briefen eine geringe Rolle. Sympathisch ist ihr
Heinrich Kleist, weil er „wahr ist und wahr sieht".[6]) An
Werners „Luther" lobt sie enthusiastisch die Wahl des
Sujets, die Ausführung nur bedingt.[7]) Brentano ist ihr

---

[1]) Ungedruckt. [2]) B. V. u. R. III, 54.
[3]) B. V. u. R. VI, 141. [4]) B. V. u. R. I, 277.
[5]) B. V. u. R. III, 60. [6]) B. V. u. R. II, 65. [7]) B. R. I, 292.

als Schriftsteller _zu wenig schreitend. zu wenig Herr seiner
eigenen Manier-.'ı Sein „Godwi" macht ihr einen beängstigenden Eindruck. Mit der Tendenz des Buches ist
sie einverstanden.²) Am meisten Lob hat der Spätromantiker
Fouqué mit seinem „Sigurd" bei ihr geerntet. Trotz ihrem
„Hass gegen jede andere als die olympische Mythologie.
gegen nordische Sagen. Runen u. dgl. und die neue Hoff-
nung auf die alten Nebelgötter". ist sie von der Fouquéschen
Bearbeitung der Nibelungensage tief ergriffen. und sie setzt
auf den Dichter die schönsten Hoffnungen. Allerdings ist
es nicht das spezifisch Romantische. das ihr zusagt. sondern
das rein Menschliche der Dichtung. die Darstellung der Charaktere und der schweren Konflikte. Das Zauber- und
Runenwesen ist ihr vielmehr im Wege. sobald es die Motive
der Handelnden verschleiert. und sie will es nur gelten
lassen. wenn. wie in Macbeth. uns das Tun und Lassen der
Menschen auch ohnedies klar und begreiflich bleibt. Deshalb gefällt ihr nur der erste Teil der Trilogie und auch
von diesem eigentlich nur das Vorspiel. Sobald die Motive
dunkler und die Charaktere verschwommener und unwahr-
scheinlicher werden. hebt Rahels abfällige Kritik an. Ihre
Beurteilung des Kunstwerks ist eine durchaus psychologische:
für romantischen Stimmungszauber hat sie wenig Sinn.
Dennoch ist ihr der „Sigurd" so lieb. dass sie den günstigen
Eindruck nicht durch die Lektüre der Nibelungen stören
will, obschon ihre Freunde die Quelle mit Recht höher
werten, als die Nachdichtung.³, Fouqué hat später die
Hoffnungen Rahels nicht erfüllt. Undine ist schon nicht
mehr nach ihrem Geschmack. Statt das Märchen als solches
zu geniessen. sucht sie auch hier klare Motivierung und
logische Entwicklung.⁴)

---

¹) B. V. u. R. II, 216.   ²) B. V. u. R. I, 265.
³) B. V. u. R. I, 29.   ⁴) B. R. I, 554.

Fassen wir nun das Wichtigste aus dieser Zusammenstellung Rahelscher Äusserungen über die romantische Dichtung zusammen, so ergibt sich daraus folgendes Resultat: Mit den ethischen Tendenzen, wie sie in Godwi und in der Lucinde zu Tage treten, ist sie einverstanden, nicht so mit den ästhetischen. Das gar zu freie Spiel der Phantasie, welches ganz den Boden der Wirklichkeit verlässt, befriedigt sie nicht. Sie sucht in der Poesie nicht ein willkürliches Spiel mit dem Stoff, sondern die Darstellung der Menschennatur und ihrer Beziehung zum realen Leben, wie Goethe es in reifer Vollendung biétet. Ihr künstlerisches Credo, das in der oben erwähnten Kritik des Ofterdingen liegt, enthält diese Forderung in unzweideutiger Weise. Daher ihre Abneigung gegen alles Phantastische, gegen das „trübe, schwankende Runenspiel" eines Fouqué. So stellt sich Rahel in Widerspruch mit dem extremen künstlerischen Subjektivismus der Romantik.

Eine andere Seite ihrer Bestrebungen lernt sie, wenn auch nicht von Anfang an, verstehen. Im Jahre 1809 bekrittelt sie den Versuch Arnims und Brentanos, die Wurzel der Kunst in der Volkspoesie zu suchen. Ihr kultivierter Geschmack versteht die Freude am einfachen, oft rohen Volkslied nicht. Deshalb kann sie über das Wunderhorn an Varnhagen· schreiben: „Arnim und Brentano haben in einem ganzen Bande nur zwei gute Lieder; das ist schlechtweg impertinent, da das andere olympischer Unsinn ist, und sie stolz darauf sind."[1] Später aber öffnet sich ihr Verständnis der Volkspoesie, und sie kommt zur Einsicht, dass alle Kunst im Volkstum wurzeln müsse, um nicht in Künstelei auszuarten. Goethes Lieder klingen ihr „wie verbesserter Wachtstuben- und Handwerksburschengesang", was in ihren Augen jetzt ein Kennzeichen echter Lyrik ist.[2]

---

[1]) B. V. u. R. I, 333.　　　[2]) B. R. III, 16 (19. Febr. 1820).

Auf dem Gebiete des Theaters treffen die Tendenzen Rahels mit denjenigen der Romantik völlig zusammen. Hier schliesst sie sich der Polemik gegen die Herabwürdigung der Bühne durch Iffland und Kotzebue an. Friedrich und Wilhelm Schlegel, Tieck und Bernhardi führten den Kampf gegen diese Fabrikanten platter, poesieloser Theaterstücke mit den Waffen der Rezension und der Satire. Rahel stimmt ganz in ihren Ton ein, und sie empfindet es als eine Schande für die Sitten der Deutschen, dass Stücke von solcher Roheit der Gesinnung aufgeführt werden.[1]) Kotzebue ist ihr das Urbild der Krassheit, Plattheit und Unwahrheit.[2]) Auch gegen Iffland führt sie eine scharfe Klinge. Zwar beschäftigt sie sich mehr mit dem S c h a u - s p i e l e r als mit dem Dichter. Ihr ist das Theater etwas so Wichtiges und Unentbehrliches, dass eine Stadt ohne Theater ihr vorkommt „wie ein Mensch mit zugedrückten Augen, wie ein Ort ohne Luftzug, ohne Kurs".[3]) Deshalb macht sie die Schauspielkunst zum Gegenstand ihres Studiums, die Künstler und Künstlerinnen der Bühne er- wecken ihr höchstes Interesse. Ihre „Theater-Urteile" sind zusammengestellt in „Lewalds Allgemeiner Theater-Revue" vom Jahre 1836 und in den Varnhagen schen „Denkwürdig- keiten" Band VIII. Hier äussert sie die gleichen Sym- pathien und Antipathien, wie die Romantik, vor allem die lebhafteste Opposition gegen den Schauspieler Iffland und seine Schule. Sie verurteilt ihn als „wenig begabten Pedanten, welcher nicht allein der Berliner Bühne, sondern den deutschen Bühnen überhaupt grossen Schaden zugefügt hat".[4]) Durch seine Nachahmer „verfolgt er sie auch nach seinem Tode", und so ruft sie unmutig aus: „Muss ich nicht rasend werden, auf allen Theatern Deutschlands Einen zu finden, der ganz wie er spielt, schnarrt, glupt,

---

[1]) B. R. II, 60.   [2]) B. V. u. R. III, 82.   [3]) V. D. VIII, 799.
[4]) V. D. VIII, 796.

ist, und es misslingt keine, dass es einen nicht nachher freute. (p. 137.)

Immer dasselbe oder immer etwas anderes lieben, heisst beständig lieben. Nichts lieben können, ist unbeständig sein! (p. 151.)

Es ist ganz einerlei, wie man ist, sobald man nicht sein kann, wie man will. (p. 151.)

Ich finde den ganzen Unterschied in der Menschen Geister nur beim Fragen; antworten können sie alle nur auf dieselbe Weise. (p. 180.)

Ich beneide keinen Menschen mehr, als um Dinge, die niemand hat. (p. 141.)

Es sind hier aus den zahlreichen Aphorismen nur solche herausgegriffen worden, die durch ihre Paradoxie an Friedrich Schlegels gewundene Gedankengänge erinnern. Ausserdem spricht sich Rahel in den „Denkblättern" über alles aus, was Kunst, Wissenschaft und Leben betrifft, ähnlich wie die Romantiker in ihren fragmentarischen Ideen-Äusserungen.

Wie hoch Fouqué die Gabe der Freundin wertete, geht aus dem Motto hervor, mit welchem er die „Denkblätter" einführt:

Der Herausgeber an den Leser.

„Goldene Äpfel Euch biet' ich." „Und bringst sie auf silberner Schal' uns ?"
„Göss' ich die Schale, des wert, wär' ich Cellini, und mehr!"

Durch ihr literarisches Wirken im Salon, in der Korrespondenz und in ihren aphoristischen Aufzeichnungen ist also Rahel mit der Romantik enge verknüpft. Sie hat mit ihr gemeinsam vor allem die Goethe-Verehrung, das Interesse für ethische und soziale Probleme innerhalb der Literatur und die Neigung zu fragmentarischer Darstellung. Doch zeigen sich auch deutliche Differenzen zwischen ihr und den Romantikern, und eben diese

Differenzen sind es, welche sie den Jungdeutschen an die Seite stellen. Romantik und Jungdeutschland suchen dasselbe Problem auf zwei verschiedene Arten zu lösen, das Problem: Wie verhalten sich Kunst und Wirklichkeit zu einander? Die Romantik gibt der Kunst den Vorrang; sie soll die Wirklichkeit dominieren, diese soll sich nach jener umbilden. Die Jungdeutschen stellen die Wirklichkeit voran. Sie soll der Kunst Inhalt und Impuls geben, die Kunst soll dem realen Leben dienen. So scharf spitzt sich nun die Frage bei Rahel noch nicht zu. Allein ihre unzweideutige Forderung, dass die Poesie den Boden der Wirklichkeit nicht verlassen dürfe, ihr gänzliches Ignorieren des romantischen Phantasie-Reichtums, ihre Unfruchtbarkeit im Gebiete der Ästhetik bedeuten doch schon eine Reaktion gegen die Extreme der Romantik und gesellen sie jenen Dichtern zu, welche, eine reine Kunst verwerfend, die Literatur zum Tummelplatz ethischer, sozialer und politischer Kämpfe machten. Rahel steht auch als Kunstkritikerin in der Mitte zwischen Romantik und Jungdeutschland.

II. Rahels persönliche Beziehungen zur Romantik.

„Ich bin einmal treu gemacht: mir treu; und so auch allem. Daran können Sie nun wissen, dass, geschieht ein Loslassen, es kam immer von den anderen, ihr Katholisch-werden allein macht es bei mir nicht einmal: sie müssen noch apart ausspannen."[1])

Diese Briefstelle vom Jahre 1824 bezieht sich auf Rahels Freundschaft zu Gentz, den sie trotz seiner Abwendung von ihrer Denkart als Freund festhielt. Sie kann als charakteristisches Motto dem Kapitel vorangestellt werden, das die persönlichen Beziehungen Rahels zu den Romantikern enthalten soll. Denn keine Kluft der Meinung hat Rahel je bewogen, einen Menschen, der ihr sympathisch war, ganz aufzugeben. Darum können wir im folgenden konstatieren, dass ihre freundschaftlichen Beziehungen zu den Romantikern fortdauerten, auch als sie auf allen Gebieten, in Religion, Politik und Literatur, ihre Gegnerin geworden war. Rahel wusste in seltener Weise Person und Meinung voneinander zu trennen.

In ihrer Jugend bildete sich in Berlin die neue Dichterschule. Sie lernte die Brüder Schlegel, Schleiermacher, Gentz und Tieck kennen. Von den jüngeren Romantikern traten ihr nahe Brentano und Bettina und von den lezten Ausläufern der Richtung Varnhagens Freunde Chamisso und Fouqué.

Keiner der Romantiker übte auf Rahel einen so grossen und nachhaltigen Einfluss aus, wie **Friedrich**

---

[1]) Brief an Brinkmann, ungedruckt.

Schlegel. Zwar stand sie mit ihm in keinem vertrauten Freundschaftsverhältnis. Allein er war der Mann, der die in ihr wogenden Gedanken und Gefühle zum Ausdruck brachte, der das erlösends Wort sprach für die von äusseren Schranken eingeengten starken Geister, zu denen Rahel gehörte. Er stellte ein neues ethisches Ideal auf in seiner Lucinde, und glück- und liebedurstige Menschen, wie Rahel, jubelten ihm zu. Er war der überzeugte Anwalt der Frau, deren Menschentum er laut verkündete, zugleich für sie Menschenrechte fordernd. Auch die Jüdin in Rahel musste sich wohltuend berührt fühlen von Friedrich Schlegels Vorurteilslosigkeit. Arnim, Brentano, Bettina u. a. liessen sie den Unterschied der Geburt fühlen. Schlegel reichte einer ihrer Stammesgenossinnen die Hand fürs Leben. So war der junge Schlegel recht eigentlich der Mann, mit dem sie, was Ideen und Tendenzen betrifft, am meisten Verwandtschaft hatte. Dies reicht jedoch zu einer innigen Freundschaft nicht aus. Die Sympathie der Seelen fehlte zwischen ihnen. Vielleicht waren sie zu gleichartig. Beide drückten anderen den Stempel ihres Geistes auf, beide übernahmen kraft ihrer starken Persönlichkeit in Freundschafts- und Liebesverhältnissen die führende Rolle. So liebte Schlegel die hingebende Dorothea Veit, Rahel war die Freundin des schwankenden, innerlich haltlosen Marwitz, die Gattin des sich ganz an sie anlehnenden Varnhagen.

Im August 1797 lernte Rahel Friedrich Schlegel persönlich kennen.[1]) Kurz vorher hatte sie seine geistige Bekanntschaft gemacht durch eine seiner Rezensionen und beurteilte ihn danach als einen Kopf, „in dem Operationen geschehen". Sie erkannte ihn gleich als eine kongeniale Natur. „Il sera comme nous", schrieb sie an Brinkmann. Sie

---

[1]) B. R. I, 170.

fürchtete nur, er möchte so klug sein, dass sie ihm nichts
mehr bieten könne.[1] Diese Befürchtung zeigt, wie sehr
Rahel gewöhnt war, die Gebende und nicht die Empfangende
zu sein. Das Vorgefühl Rahels hat sich realisiert.
Schlegel war wirklich „zu klug" für sie, d. h. er war
nicht der rezeptive Mann, wie Varnhagen, Brinkmann u. a.,
sondern eine ähnliche Natur, wie sie selber, voller Gedanken, die zur Produktion drängten. Deshalb bedurfte
er ihrer nicht. — Der erste persönliche Eindruck, den er
auf Rahel machte, war ein günstiger. Sein Äusseres
gefiel ihr, und da, wie sie an Brinkmann schreibt, „das
Äussere eines Menschen der Text von allem ist, was sich
über ihn sagen lässt",[2] wurde sie dadurch in ihrer
Sympathie für Friedrich Schlegel bestärkt. Es hat sich
denn auch zwischen beiden ein freundschaftlicher Verkehr
angesponnen. Aus dem Jahre 1799 sind uns mehrere
kurze Briefe Friedrichs an Rahel erhalten,[3] die sogar das
Knospen eines innigen Freundschaftsverhältnisses anzudeuten
scheinen. Der Ton der Briefe ist durchaus herzlich.
Friedrich hat das Bedürfnis, sich mit der interessanten
Frau auszusprechen, er fragt sich ernstlich, ob eine
Freundschaft zwischen ihnen möglich sei. Vieles an ihr
zieht ihn zu ihr hin, und doch fühlt er in ihrer Gegenwart einen Zwang, der ihn hindert, er selbst zu sein.
Seltsam in Form und Inhalt ist eines dieser Schreiben.
Friedrich bittet die Freundin um Verzeihung, weil er sie
durch sein Betragen verletzt hat. Da der ganze Brief aus
Andeutungen besteht, die nur von den Beteiligten ver-
standen werden können, ist es nicht möglich, etwas
Positives daraus zu schliessen. Was uns aber daran
interessiert, ist die Gemütsbewegung, die in den Worten
bebt, und die uns verrät, dass Rahel ihm damals wert war.

---

[1] B. R. I, 169.　　[2] B. R. I, 170.　　[3] Ungedruckt.

Dennoch sind die beiden sich nicht nahe gekommen. Aus dem Interesse, das sie einander einflössten, entstand nach Friedrichs Abreise von Berlin nur eine kühle Freundschaft. Zwar scheint er in Jena Rahel ein freundliches Erinnern bewahrt zu haben, wenn wir einem Briefe glauben wollen, den er von dort aus an sie gerichtet hat. Rahel hatte nämlich den Plan, sich nach Jena zu begeben, um eine Zeitlang im Umgang mit Schlegel zu leben. Friedrich drückt in diesem Briefe seine Freude an dem Projekt aus. Er sah sich, wie er behauptet, schon nach jedem Reisewagen um, und erhoffte von Rahel neue Anregung, da er sich mit Tieck „den Winter hindurch recht gründlich zu Ende gesprochen habe".[1]) Ganz anders äussert er sich über Rahels Besuch, der dann nicht ausgeführt wurde, seinem Bruder Wilhelm gegenüber. Er schreibt an ihn: „Dass die Levi nicht kommt, jetzt wohl in Wesel und Paris ist, und also diesmal dieser Kelch glücklich an uns vorübergegangen, weisst Du wohl schon."[2]) Dieser Widerspruch zwischen den beiden Briefen lässt uns an seiner Aufrichtigkeit Rahel gegenüber stark zweifeln. Seine freundlich einladenden Worte an sie waren demnach nicht mehr als blosse Höflichkeit, und er scheint wirklich nicht viel persönliche Sympathie für die Gesinnungsgenossin, die so wacker zu seiner Lucinde gehalten, empfunden zu haben.

Vom Jahre 1799 bis 1808 fehlen uns Zeugnisse über den Verkehr zwischen Friedrich und Rahel fast gänzlich. Erst der Briefwechsel Varnhagens und Rahels gibt uns wieder einigen Aufschluss. Äusserlich und innerlich hatten sich inzwischen die beiden voneinander entfernt. Friedrich war in Paris und Köln gewesen und siedelte endlich nach Wien über, während Rahel, abgesehen von einigen Reisen und einem

---

[1]) Ungedruckt.
[2]) Walzel, Friedrich Schlegels Briefe an Wilhelm S. 483.

längeren Aufenthalt in Paris, stets in Berlin weilte. Als
Friedrich 1802 nach Paris kam, hatte Rahel Frankreich
schon wieder verlassen. So boten sich keine äusseren Berührungspunkte mehr; aber auch die inneren waren ver-
schwunden. Friedrich Schlegel trat 1808 zum Katholizismus
über, Rahel wurde zur Gegnerin dieser reaktionären Strömung.
Dennoch blieb Friedrich für Rahel eine interessante Persönlichkeit, die in ihrem Briefwechsel mit Varnhagen eine
bedeutende Rolle spielt, und der sie eine rege Teilnahme
bewahrte. Als Varnhagen ihr einst ein Berliner Ge-
klatsch, das Friedrich eines aus ganz niedrigen Motiven
hervorgehenden Liebesverhältnisses bezichtigte, in über-
hebendem Tone meldete, nahm sie den ehemaligen Freund
gegen diese Verleumdung in Schutz. [1]) Während seines
Aufenthaltes in Wien trat Varnhagen Schlegel persönlich
nahe und unterliess es nicht, Rahel ausführlich über
ihn zu berichten. Er selber befand sich dem seltsamen
Manne gegenüber in einem Widerstreit der Empfindungen.
„Ich könnte leicht," sagt er, „für Friedrich Schlegels Person
heftig gegen Friedrich Schlegels Meinung sprechen." [2]) Auf
dem gleichen Standpunkte befand sich Rahel. Die Kluft
fühlend, die zwischen ihr und dem einstigen Gesinnungsgenossen sich aufgetan hatte, wünschte sie auch keine
durch Varnhagen vermittelte Verbindung mehr mit ihm.
Als Varnhagen ihr mitteilte, er habe von ihr gesprochen
in Gegenwart Friedrichs, habe sich sogar mit Dorothea
brieflich über sie unterhalten, antwortete sie: „Es ist Liebe,
dass Du von mir sprichst, und ich sollte danken, wie es
mein Herz tut; aber tue mir den Gefallen, sprich nicht
von mir! Sie können den Teufel wissen, wie es mit mir,
meinem Urteil, meiner Strenge und meinem Geruch für
Wahrheit und Strenge steht. Lass mich bei ihnen ruhen!" [3])

---

[1]) B. V. u. R. I, 40 u. 47.   [2]) B. V. u. R. II, 279.
[3]) B. V. u. R. II, 284.

Eine Annäherung fand indessen statt, als Rahel sich
im Jahre 1815 in Wien und in dem benachbarten Baden
aufhielt. Sie verkehrte oft mit Friedrich und seiner Frau.
Doch scheint ihr Verkehr ein recht äusserlicher gewesen
zu sein, und seine Hauptbedeutung mag für Rahel darin
gelegen haben, dass der gefällige Schlegel ihr Federn zu-
schnitt; denn auf diese ¡für die briefschreibende Frau
wichtige Tatsache beziehen sich zwei Äusserungen Rahels[1]
und ein Brief Friedrichs an sie.[2]

Im August 1815 begab sich Rahel nach Frankfurt,
während ihr Gatte erst in Paris, dann in Mannheim seinen
diplomatischen Geschäften oblag. Der Bundestag rief auch
Friedrich Schlegel in die alte Krönungsstadt, und es entspann sich ein erneuter Verkehr zwischen ihm und Rahel.
Hauptsächlich war Dorothea das Band, das die beiden verknüpfte. Rahel empfand stets grosse Sympathie für die
liebenswürdige, hingebungsvolle Frau. So schrieb sie 1817
an den Grafen v. Custine: „Die Schlegel hat mir neulich
einen lieblichen freundschaftlichen Brief geschrieben: auf
einen kleinen Weihnachten von mir. Ich liebe sie sehr!"[3]
und an ihre Schwester: „Friedrich Schlegel ist beim Bundes-
tage angestellt, ich habe sie viel in Frankfurt gesehen,
und noch im Herbst: sie ist vortrefflich, wie sie war, und
besser: sie ist fromme Katholikin."[4] Dorothea erwiderte
diese freundschaftlichen Gefühle. Sie vertraute Rahel ihre
Kümmernisse um den geliebten Gatten an, dessen Stellung
in Frankfurt sie durch allerlei Intriguen bedroht sah.[5]
Auch zwischen Rahel und Friedrich spannen sich wieder
Fäden gemeinsamer Interessen an. Mit grosser Genugtuung meldete Rahel ihrem Manne, dass sie mit Friedrich
„ein wirkliches Gespräch, eine wahrhafte Erörterung" gehabt,

---

[1] B. V. u. R. IV, 116 u. 119.   [2] Ungedruckt.
[3] B. R. II, 443.   [4] B. R II, 463.
[5] B. V. u. R. V, 124. 135. 138. 153. 156.

über Theater, Völkerzustände, Stil usw. Sie fühlte sich dadurch sehr geschmeichelt und war stolz darauf, dass trotz der tiefgehenden Meinungsverschiedenheit Friedrich sich mit ihr in eine vertrauliche Diskussion eingelassen hatte. „Mir entgeht keiner der alten Freunde!" schliesst sie ihren Bericht über die Unterhaltung, „wenn sie nicht toll werden, und vorgeben, Offenbarungen zu haben, die sich ihnen in Bildern, und nicht in Vernunftgründen, in mitzuteilenden, dartun. Dies schreib ich Dir aus Stolz, was Du für ein Kabinettstück von Frau hast." [1]) Damit deutet Rahel die Grenze an, die ihrer Übereinstimmung mit Schlegel gesetzt war. Diese Grenze zu überschreiten, konnten sie nicht auf die Dauer vermeiden, wie aus folgender Mitteilung Rahels ersichtlich ist: „Ich bin nach einem guten Schlaf noch schläfrig und angegriffen; drum werd' ich auch nichts von Büchern, die ich lese, nichts von Diskussionen mit Schlegel — endlich über Religion — schreiben; ich attakiere keinen, wenn er sich auch nur hinter eine Religion wie hinter einen Schirm stellte; auch lass' ich mich lange necken; mit einmal aber, und so ist's immer, kommt meine ganze Meinung mir unverhofft, und den anderen zu grösserem Schrecken, als von sonst Störrischen, zum Vorschein. So war's auch hier; und soll nun noch ganz anders kommen. Wir sind aber besser als jemals zusammen." [2]) So vermochten auch die religiösen Differenzen ihr gutes Einvernehmen nicht zu stören. Bis zu Ende ihres Frankfurter Aufenthalts verkehrte Rahel häufig und in freundschaftlichster Weise mit den Schlegels.

Ein Brief Friedrichs an Rahel vom Jahre 1818 ist das letzte uns erhaltene Zeugnis ihres direkten Verkehrs. Anlass zu diesem in sehr herzlichem Tone gehaltenen Schreiben bot Dorotheas Reise nach Italien, über die Friedrich der

---

[1]) B. V. u. R. V, 232.   [2]) B. V. u. R. V, 285.

Freundin Bericht erstattete. In Rahels schriftlichem Nachlass finden sich ausserdem einige Nummern von Passys „Ölzweigen" vom Jahre 1820, eine Bearbeitung der Sprüche des Angelus Silesius enthaltend. Eine handschriftlich beigefügte Anmerkung „Von Friedrich Schlegel" verrät uns den im Blatte nicht genannten Autor und lässt vermuten, dieser habe seinen Aufsatz der sich um Angelus lebhaft interessierenden Rahel zugesandt.

Friedrich Schlegels Name taucht dann im Jahre 1827 nochmals in Rahels Briefen auf. Damals unternahm Varnhagen eine Reise in den Südwesten Deutschlands. In Augsburg hoffte er mit Schlegel zusammenzutreffen, verfehlte ihn aber, was er, wie Rahel, lebhaft bedauerte. [1]) Nach Friedrichs Tode im Jahre 1829 ärgerte sie sich über Wilhelm v. Schütz, der, ein seichter Jünger der romantischen Schule, dem dahingegangenen Meister hohle, wertlose Gedichte widmete. „O dass doch solche Menschen," ruft sie aus, „wo es eine Ecke herumgeht, auch so viel Pöbel mit herumlassen müssen!" [2]) Diese Stelle, wie manche andere, zeigt, dass Rahel trotz aller Entfremdung und Gegnerschaft Friedrich einen hohen und einzigen Platz in der deutschen Geistesgeschichte zuwies. Sie hat sich in ihren Briefen oft und scharf gegen seinen unheilvollen Einfluss geäussert. Allein das Grosse, Eigenartige, Bedeutende seines Wesens hat sie stets anerkannt.

Weniger Achtung und Sympathie hatte Rahel für den älteren Bruder, Aug. Wilh. Schlegel, übrig. Sie besuchte seine Berliner Vorlesungen, [3]) doch suchen wir in ihrem Nachlasse vergeblich nach einem Urteil darüber. Von einem persönlichen Verkehr mit ihm meldet sie uns ebenfalls nichts, so dass anzunehmen ist, sie habe ihm fern

---

[1]) B. V. u. R. VI, 181.   [2]) B. V. u. R. VI, 201.
[3]) B. R. I, 257.

gestanden. Varnhagen, der ihn in Bonn oft besuchte, schildert ihr gern die Schwächen und Eitelkeiten des Mannes, dessen literarische Laufbahn so glänzend begonnen, und der dann, trotz seiner grossen Verdienste, im Alter dem Gespött der Jungen preisgegeben war. Rahels harte Urteile über einzelne seiner Schriften sind im ersten Teil erwähnt worden. Verächtlich war er ihr besonders später als Gegner Goethes.

In nähere freundschaftliche Beziehung trat Rahel zu dem Dichter der älteren Romantik, zu Ludwig Tieck. Als Schriftsteller hat sie ihn zwar nicht geschätzt; manches harte Urteil über die Gebilde seiner Phantasie ist aus ihrer Feder geflossen. Um so lieber war er ihr als Mensch und als Dramaturg. Über die Entstehung ihres gegenseitigen Verkehrs lässt sich nichts Bestimmtes feststellen. Köpke erzählt, dass Tieck, nachdem er im Jahre 1794 von Erlangen und Göttingen in seine Vaterstadt zurückgekehrt war, in Rahels Hause Zutritt hatte. Er gehörte aber nicht zu ihren näheren Freunden. Goethe bildete das Band, das sie verknüpfte, ebenso die Anerkennung Flecks, von dessen künstlerischer Grösse beide überzeugt waren.[1] Auf Rahel scheint der jugendliche Dichter keinen besonderen Eindruck gemacht zu haben. Wenigstens sprechen ihre Briefe in dieser Zeit nur über seine Werke, nie über seine Person. Erst während ihres Exils in Prag im Jahre 1813 trat sie ihm nahe. Ihr gemeinschaftliches Interesse für das Theater brachte sie zusammen. Rahel wohnte bei der Schauspielerin Auguste Brede und führte Tieck bei ihr und bei dem Direktor des Prager Theaters, Liebich, ein. Sie tat sich darauf nicht wenig zu gute; denn sie schlug die Bedeutung des Tieckschen Einflusses auf das Prager Theater hoch an und gratulierte sich, dass sie die Vermittlerrolle hatte

---

[1] Rudolf Köpke, Ludwig Tieck. I. Teil. S. 193.

übernehmen dürfen. Mit grosser Freude erfüllte es sie auch, dass ihr Geschmack in der mimischen Kunst mit dem Tiecks übereinstimmte. [1] Sie sah den Dichter täglich und war von dem Umgange mit ihm aufs höchste befriedigt. Kein Wunder, dass der Verkehr zwischen den beiden sich fortsetzte, als Tieck im Jahre 1814 in Berlin weilte. Sie trafen sich in der Gesellschaft, er besuchte sie zu Hause und unterhielt sich mit ihr stets in der zwanglosesten, angenehmsten Weise. Rahel war von seinem einfachen, liebenswürdigen Wesen entzückt und schloss ihn von da·an in ihr Herz ein. In ihren Briefen redet sie stets im herzlichsten Tone von ihm und bekennt, „dass sie ihn liebt, wie nur sehr wenig Menschen". [2] Trotzdem entspann sich zwischen ihnen kein regelmässiger Verkehr. Tieck entschwand durch seine Reisen im Ausland und durch seine dauernde Niederlassung in Dresden Rahels Gesichtskreis. Im Jahre 1821 besuchte Rahel auf einer Badereise den Osten Deutschlands wieder und hielt sich kurze Zeit in Dresden auf. Dass sie bei dieser Gelegenheit mit dem alten Freund in Verbindung trat, ist ersichtlich aus einem Briefe Tiecks vom Herbst 1821. Wieder bildet das Theater das verknüpfende Band. Tieck empfiehlt Rahel den Besuch eines Stückes, das er am liebsten mit ihr genossen hätte, woran ihn aber ein Unwohlsein verhinderte.[3] Von der regen Teilnahme, die Rahel seiner Wirksamkeit bis an ihr Lebensende schenkte, zeugen die Briefe, die sie in den Jahren 1823, 24, 26 und 27 an ihn richtete. Veranlassung dazu boten weniger persönliche als künstlerische Interessen. Im ersten dieser Briefe empfiehlt sie die Schauspielerin Fräulein Pfeiffer, die nachmalige Birch-Pfeiffer, seiner Protektion. Sie ermahnt ihn auch, „hübsch in die Komödie zu gehen", mit

---

[1] B. V. u. R. III, 116 u. 123.   [2] B. R. II, 451.
[3] Ungedruckt.

der Begründung: „Schenken Sie uns Ihre Kritiken, Deutschland braucht's."[1]) Ein andermal drückt ihr der Enthusiasmus für Tiecks neuerschienene Reisegedichte die Feder in die Hand,[2]) und im Jahre 1824 fragt sie ihn um die Autorisation zu einer französischen Übersetzung seines Werkes „Der Aufruhr in den Cevennen", die ein junger Franzose aus ihrer Bekanntschaft zu übernehmen beabsichtigte.[3]) Voll Dankbarkeit wendet sie sich zwei Jahre später an Tieck, um ihn zu bestärken und zu ermutigen in seinem Wirken für die deutsche Bühne, deren Führung sie mit Freuden in seiner kundigen Hand sieht.[4])

Ihr letzter Brief zeigt uns wie alle anderen die Theaterenthusiastin. Mit warmem Lobe empfiehlt sie ihm den Schauspieler. Krüger, dessen naturwahre Kunst sie gegen die Ifflandsche Schule ins Feld führt.[5])

Nach Rahels Tode sandte Varnhagen dem Freunde der Verstorbenen die gedruckte Sammlung ihrer Briefe nach Dresden.[6]) Eine Zusendung der zweiten Auflage unterliess er, da Bettina ihm mitteilte, Tieck hätte sich bei ihrem Besuche in Dresden missliebig und feindlich über Rahel geäussert. Dies klärte sich aber durch eine Zuschrift Tiecks als Irrtum auf. Tieck sprach darin mit grosser Freundschaft und Achtung von Rahel. Seine Kritik hatte sich nur auf Einzelheiten der Ansicht und des Urteils bezogen. Von seinem Interesse für die Dahingeschiedene zeugt auch das Anerbieten, Rahels Briefe mit Erläuterungen und Berichtigungen versehen, Varnhagen zuzustellen. So löst sich auch dieser scheinbare Misston in den Beziehungen zwischen Rahel und Tieck in Harmonie auf.

Nicht so harmonisch, aber dafür um so abwechslungsreicher ist Rahels Verhältnis zu Brentano. Sonnenschein

---

[1]) Briefe an Tieck v. Holtei IV, 141.
[2]) Daselbst S. 142; siehe oben S. 65. [3]) Daselbst S. 147.
[4]) Daselbst S. 149. [5]) Daselbst S. 152. [6]) Daselbst S. 133.

und Sturm lösten sich während der kurzen Periode ihrer Freundschaft ab, wie es bei Brentanos unbeständigem Charakter nicht anders sein konnte. Rahel hatte für ihn anfänglich grosse Sympathie. Sein weiches, biegsames Gemüt zog sie an, sie fühlte sich mit ihm geistesverwandt.[1] Hemmend für ihre freundschaftlichen Beziehungen war die antijüdische Gesinnung, von welcher Brentano und Arnim durchdrungen waren. In seinen Briefen an den Freund erzählt Arnim gern Judenanekdoten[2] und begrüsst freudig die Ankündigung eines Werkes von Görres über das Historische und Mythische der christlichen Religion, „das nach seiner inneren Ansicht die Juden vernichtet".[3] Rahel musste unter diesem Vorurteil leiden. Arnim soll, wie Varnhagen an sie schreibt, ihr mit verehrendster Anhänglichkeit und Bewunderung zugetan gewesen sein, aber später von ihr abgelassen haben, weil ihm eingefallen, sie sei eine Jüdin.[4] Brentano teilte diese judenfeindliche Stimmung. Im Jahre 1811 schrieb er seine scharfe Satire gegen Juden und Philister. Was er des weiteren gegen die jüdische Gesellschaft überhaupt und gegen Rahel insbesondere geäussert hat, ist nach Steigs Angabe durch Varnhagen, dem Bettina die Briefe des Bruders und des Gatten in Verwahrung gegeben hatte, vernichtet worden mit Ausnahme einer Stelle.[5] Brentano schrieb am 26. November 1804 von Berlin aus an seine Frau: „Liebe Seele! Von was hab' ich Dir heute alles erzählt? von Madame Levi! nun ja, von dieser soll ich wohl fortfahren. Aber ich glaube, ich habe die Sache bereits erschöpft, wenn ich sage, dass es dort langweilig ist."[6] Brentano gehörte also nicht zu den Bewunderern Rahels, und wir begreifen es, dass

---

[1] B. V. u. R. II, 193 u. 215.   [2] Steig S. 301 u. 305.

[3] Daselbst S. 290.   [4] B. V. u. R. II, 230.

[5] Steig S. 295. Vgl. auch R. Steig, Heinrich von Kleists Berliner Kämpfe. Berlin und Stuttgart 1901. S. 612 ff., 623.   [6] Steig S. 122.

Varnhagen, der in seinen „Denkwürdigkeiten" mit Behagen die rühmenden Aussagen hervorragender Zeitgenossen über den Levinschen Salon hervorhebt, solche unbequeme Urteile der Nachwelt vorenthielt.

Trotz seiner Antipathie gegen die Juden trat Brentano später zu Rahel in Beziehung und zwar durch die Vermittlung Varnhagens. Dieser befand sich im Jahre 1811 als Offizier in Prag, und Brentano besuchte ihn alle Tage, ihn in vertraulichster Offenheit in seine Dichterpläne einweihend. Dies erzählte Varnhagen der Freundin mit grosser Befriedigung und lobte Brentano als Menschen und Dichter.[1]) Rahels Interesse an dem wunderlichen Manne wurde dadurch reger als je, obschon sie sein Vorurteil gegen sie kannte. Varnhagen suchte Brentanos Wohlwollen für die verehrte und geliebte Freundin zu erringen; aber alle diese Bemühungen endeten trotz zeitweiliger scheinbarer Erfolge mit einem vollständigen Fiasko. Der launenhafte Dichter überraschte eines Tages Rahel mit einem beleidigenden Brief, der laut Varnhagens Darstellung hauptsächlich durch die Lust veranlasst war, die Leute zu karikieren. In welch boshaft feindseligem Ton dieses Schreiben gehalten war, sei durch der Empfängerin eigene Worte illustriert. Sie schreibt darüber an Varnhagen: „Er spricht mir ja mit einem wütenden Wünschen von meinem Tode, als wäre ich eine alte böse Kaiserin, die einen Serail von jungen Schönheiten hätte totmartern lassen, worunter ihm eine Geliebte war. Und sag mir um Gottes willen, wo nimmt er das her, dass ich so sehr ambitioniere, unglücklich sein zu wollen? Hunger wünscht er mir auch sous cape. Ich habe mich sehr geärgert; aber zweimal musst' ich doch lachen; als er sagt, ich sei sitzen geblieben und ich sei nicht schön; damit meint er hässlich."[2]) Rahel zog es vor, dieses Dokument den

---

[1]) B. V. u. R. II, 170. 187. 213.   [2]) B. V. u. R. II, 236.

Augen der Mit- und Nachwelt zu entziehen und mit vollem
Recht das zu tun, was Varnhagen unrechtmässigerweise
später getan hat, nämlich boshafte Kritik und üble Nach-
rede unschädlich zu machen. Über das Schicksal des Briefes
berichtet sie dem Freunde: „Ich habe Deinen und seinen
Brief Linen gegeben, dass sie ihn in ihren Koffer legt;
damit kein Bruder, kein Freund, kein Sterblicher ihn finden
kann; ich will nicht erleben, dass sie mich könnten so be-
leidigen lassen, und ich will auch nicht, dass um solche
Lumpensache einer Verdruss hätte."[1]) Sie war also tief
verletzt. Doch schreckte sie vor der Genugtuung, die ihr
Varnhagen nachträglich verschaffen wollte, zurück. Auch
verzieh sie dem bizarren Menschen bald, der sich seines
Unrechts nicht bewusst zu sein schien. „Brentano denkt
bis diese Stunde noch gar nicht, Dich verletzt zu haben,
sondern spricht davon, wie er Dich in Berlin besuchen
wolle, und meint, sich in Witz und Humor pudelnärrisch
vor Dir herumgewälzt zu haben",[2]) schreibt Varnhagen der
Freundin. Was diesen selbst betrifft, so war sein Verhalten in der Briefgeschichte kein lobenswertes. Erst gab
er es zu, dass Brentano das beleidigende Schriftstück an
Rahel sandte, obschon er von seinem Inhalt Kenntnis hatte.
Er liess also Rahel ungestraft beschimpfen, und als dann
diese über sein Verhalten noch mehr empört war, als über
den Brief, wandte er seinen ganzen Groll gegen Brentano.
Indessen gehorchte er gern seiner Freundin Befehl, den
Beleidiger zu schonen, und verschob klug die Rache auf
eine günstige Gelegenheit, die nicht lange auf sich warten
liess. Vier Monate nach Absendung des Briefes schreibt
Varnhagen an Rahel: „Noch zwei Worte über Brentano.
Ich habe ihm vor vier Wochen zwei gewaltige Ohr-
feigen beigebracht."[3]) Zugleich entwendete er ihm sein

[1]) B. V. u. R. II, 237.   [2]) B. V. u. R. II, 248.
[3]) B. V. u. R. II, 286.

handschriftliches Trauerspiel „Aloys und Imelde" mit der Absicht, ihm das Manuskript nach einem Jahre wiederzugeben. Dies war für den Dichter eine empfindliche Strafe. Mit Recht fürchtete er, nach so langer Unterbrechung werde die ursprüngliche Stimmung, „der Liedesmut", verloren gehen.[1]) Durch Rahels Bemühungen erhielt er sein Manuskript im Jahre 1814 wieder zurück. Er charakterisierte sie deshalb in einem Briefe an Arnim als kluges, gutmütiges Wesen, dessen einziger Fehler ihre Vertrautheit mit Varnhagen sei.[2]) Gegen diesen hegte Brentano nach dem Scheitern ihrer Freundschaft eine tiefe Abneigung. Er bereute es, dem so ganz anders gearteten Varnhagen einen Einfluss auf sich und sein Schaffen gestattet zu haben. Rückblickend auf seine Beziehungen zu ihm in Prag, singt er in dem Prolog zur „Gründung Prags":

> Einsiedlerisch der Gott den Dichter stellte,
> Geheimnis sei Empfangen und Gebären,
> Doch, dass es die Betrachtung überwälte,
> Drang falsch ein Zeitgespenst in meine Sphären
> Mit Modefeuer und mit Modekälte,
> Und leicht berücket liess ich es gewähren,
> Bis ich entsetzt, getäuschet und verlachet,
> Um Lied und Liedesmut beraubt, erwachet.[3])

Dieses Zeitgespenst stand stets trennend zwischen Rahel und Brentano. Als er ihre Freundschaft suchte, trat ihm der Gedanke an Varnhagen störend in den Weg. Ein Jahr nach der Entzweiung mit ihm trafen sich Rahel und Brentano in Prag. Die persönliche Berührung mit dem Dichter liess Rahel ihren Groll schnell vergessen, ja seine Klagen über Varnhagen rührten sie so sehr, dass sie sich auf seine Seite stellte. Besonderen Geschmack fand sie an der kindlichen Naivetät Brentanos. Nur eins be-

---

[1]) Steig S. 304.　　[2]) Daselbst S. 316.
[3]) Brentanos Gesammelte Schriften VI, 9.

lästigte sie, seine Schwatzhaftigkeit. Sie fand, er plaudere
nicht, wie andere Schwätzer, aus Lust am Plaudern,
sondern bloss in der Angst, ein anderer würde sprechen,
was ihn sehr ennuyiere.[1]) Rahel wurde beim Zuhören so
nervös und ungeduldig, dass sie ihn öfters bat, zu
schweigen, oder sich von ihm weg zu Tische rufen liess,
um ihn loszuwerden. Nur im Freien konnte sie sein end-
loses Geplauder ertragen, weil sie dort nicht beständig
hinzuhören brauchte.[2]) Neben dem persönlichen entspann
sich zwischen ihnen ein ziemlich lebhafter brieflicher
Verkehr, durch den sie sich innerlich näher zu kommen
suchten. Den Ausgangspunkt bildete Brentanos Zwist
mit Varnhagen. Bitter beklagt sich der beleidigte und
geschädigte Dichter über das Unrecht, das ihm von Rahels
Freund angetan worden ist. In übertriebener Weise
bauscht er den Vorfall zu einem sein ganzes Leben ver-
bitternden Ereignisse auf. Er fühlt sich so gekränkt und
gepeinigt, dass er fürchtet, er werde sich nie ganz wohl
in Rahels Nähe fühlen können, da sie die unschuldige
Ursache des Konfliktes sei. Trotzdem bietet er ihr seine
Freundschaft an und hofft auf ein gegenseitiges Verstehen.
Den kränkenden Brief, den er geschrieben, stellt er als
Notwendigkeit hin. Er musste aufrichtig gegen sie sein,
musste unverholen seine Meinung über sie äussern und
versichert, dies ganz ruhig, ohne allen Groll und Unwillen
getan zu haben. Von ihr hat er erwartet, sie werde ihn
verstehen und seine Aufrichtigkeit schätzend, ihm zurufen:
„Es ist nicht so mit mir, Sie haben sich geirrt, schrecklich
geirrt.“[3]) Dann würde er sie „mit Freuden an ein gutes
und liebevolles Herz gedrückt haben“.[4]) Auch später

---

[1]) An diese übersprudelnde Beredsamkeit Brentanos erinnert auch
Kerr in seinem „Godwi“ S. 65.   [2]) B. V. u. R. III. 130.
[3]) Biographische Porträts von Varnhagen v. Ense. Leipzig 1871. S. 87.
[4]) Daselbst S. 87.

weist er immer wieder auf seinen beleidigenden Brief als
auf einen Prüfstein hin. Rahel hätte ihn beantworten
müssen, dann wäre ihre Freundschaft gesichert gewesen.
Freilich, wir dürfen dieser Behauptung keinen allzu grossen
Glauben schenken. Brentano liebte es, mit den Menschen
zu spielen, suchte durch Zutraulichkeit oder dreiste
Offenheit ihr Interesse zu erwecken, um sie, wenn er sein
Ziel erreicht hatte, von sich zu stossen. An Rahel war
seine Dreistigkeit abgeprallt, nun suchte er sie durch hin-
gebendes Vertrauen zu gewinnen. Diesem Lockmittel
konnte Rahel nicht widerstehen. Sie meinte auch hier eine
Mission erfüllen zu können als helfende Freundin. Ohne
Besinnen schlug sie daher in Brentanos dargebotene
Rechte, und suchte ihm durch wohlwollenden Rat das
Zusammenleben mit den Menschen, das ihm so schwer
fiel, zu erleichtern. Brentano schien dadurch erfreut zu
sein. Er glaubte, eine Berührung ihrer Naturen würde
eine Vervollkommnung beider bewirken und bedauerte, die
Freundschaft Rahels nicht schon längst genossen zu haben.
In den schmeichelhaftesten Ausdrücken warb er um ihre
Gunst und erhoffte eine wirkliche innige Seelengemeinschaft
mit ihr, beruhend auf dem vollsten Vertrauen.[1]) Rahel,
hingerissen von Brentanos Worten, öffnete ihm in einem
langen, ausführlichen Briefe vom 1. August 1813 ihr Herz.
Sie gesteht darin ihre Neigung zu ihm, die selbst durch
unfreundliches Abweisen nicht zerstört worden ist. Sein
ungerechtes Vorurteil hat in ihr keinen Groll hinterlassen;
„rein und lieb" nimmt sie alles ins Herz auf, was er ihr
sagt. Sie wünscht bloss, dass er fortan nur mit seinem
Urteil die Menschen richten möchte. Voll bitterer
Heftigkeit verwirft sie die Meinung, welche die Welt mit
ihrer banalen Auffassung von Gut und Böse, mit ihren

---

[1]) Biographische Porträts S. 92 f.

niedrig gesteckten Idealen über sie verbreitet hat.
Trotzdem hat sie sich tatsächlich Anerkennung errungen.
Aber freilich, wie schwer ist ihr dies geworden! „Ich
müsste immer rein wie Schnee, ohne Urteil, ohne Vorurteil und meinen Namen auftreten können; wenn ich dies
alles wegleben soll, bleibt mir keine ganz reine Bewegung,
und ich mache mich nur wieder rein und los durch Zeit.
Wo man nichts von mir wusste, womöglich meine Geburt
nicht, ist es mir immer gelungen." Als hauptsächlichen Vorzug
ihres Charakters schildert sie die Gabe, Vertrauen zu erwecken. Viele sind zu ihr gekommen mit ihren grossen
und kleinen Leiden, haben ihr gebeichtet und in ihrer
Teilnahme Trost gefunden. Aber alle haben dabei nur
an sich gedacht. Keinem fiel es ein, dass auch sie ein
Innenleben habe mit Freude und Schmerz. Sie war für
alle da, keiner für sie. Nur einer bildete eine Ausnahme.
Nur einer dachte an sie, nicht nur an sich selbst, Varnhagen. Daher ihre Neigung zu dem jüngeren, unbedeuten-
deren Manne. So lässt Rahel in diesem Briefe einen
wesentlichen Teil ihres Innenlebens an Brentanos Auge
vorübergleiten und gibt ihm damit einen Beweis ihrer
vertrauensvollen Sympathie.[1]) Brentanos Antwort musste
auf Rahel wie ein kalter Wasserstrahl wirken. Denn mit
grausamer, mehr als freundschaftlicher Offenheit wirft er
Streiflichter auf Rahels Charakter, wie dieser sich in seiner
Seele spiegelt. Ihren Brief nennt er ironisch ein „wunder-
liches, wohlgemeintes Feuerwerk, in dem sie sich gütig vor
ihm abbrennt".[2]) Wenig schmeichelhaft für sie ist der
Vergleich, den er zwischen ihnen beiden zieht. Er findet
nämlich heraus, dass sein Wesen ein musikalisches ist,
während in ihr keine Melodie sei. „Drum," schreibt er,
„kommt der Takt wunderlich heraus, und lautet häufig,

---

[1]) Manuskript.   [2]) Biogr. Porträts S. 97.

bei der stummsten, schönsten Musik Ihrer geheimsten
Seele, wie eine Trommel oder wie das Klopfen einer
Totenuhr, oder wie das Hacken eines Spechts im Wald,
manchmal auch wie die sieben Schläge der heiligen Veme
oder wie eine Kinderquarre.“[1]) Eine andere, für Brentanos
paradoxe Art charakteristische Stelle lautet: „Der Wunsch,
mit Ihnen allein zu sein, ist daraus entsprungen, weil ich
h i e r keine Gesellschaft gesehen, die etwas wert gewesen,
und wie es mir vorkommt, als wären Sie immer in der
schlechtesten gewesen, und zwar dermassen, dass ich m i t
I h n e n sogar o h n e S i e selbst sein möchte. , Woher kommt
es, dass ich Sie bis jetzt nie, auch in Ihren besten
Momenten nicht, rührend feierlich, heilig begeistert, gross
und schön in irgend einem Gedanken oder Wort gefunden
habe? Hat Ihre Seele kein Hemd ohne Naht, wie Herr
Jesus eins von der Mutter Gottes trug, und wie der
Mond eins von seiner Mutter hat, das mit ihm wächst und
enger wird, o! ich komme immer auf dasselbe. Ihre Seele
hat kein Fleisch; die Blättergerippe sind zierlich, welche
die Ameise skelettiert, man kann sie in Gebetbücher legen;
aber nur als memento mori.“[2]) — Besonders widerlich ist
Brentano der Umstand, dass sie von Verehrern und An-
hängern umringt ist, was er ihre „Koterie“ nennt. Noch
offener und rücksichtsloser spricht er sich in einem zweiten
Briefe aus. Zuerst kritisiert er ihren Stil. „Ich habe
Ihren sehr wunderlichen Brief wieder gelesen, Sie, Unglück-
liche, können wirklich nicht schreiben, vielleicht auch nicht
sprechen. Wie kommen Sie zu den entsetzlichen Ausdrücken
„urgent, stupid, acharnirt, satisfaction“? Der erste und dritte
ist so grässlich, dass sie, gegen eine Amme gesprochen, ihr
die Milch in den Brüsten könnte gerinnen machen.“[3])
Dann greift er wieder ihren Charakter an. Sie ist in

---

[1]) Biogr. Porträts S. 99.   [2]) Daselbst S. 103.   [3]) Daselbst S. 104.

seinen Augen zur Fratze verdorben worden durch die
sündhafte Vergötterung, deren Gegenstand sie war. Er
charakterisiert sie als eine Abnormität, eine „Übergestaltete",
so geworden, weil sie nur „von sich selbst lebt und von
der Natur", statt aus göttlichen Quellen zu schöpfen.
Nur der Heiland kann sie erlösen; denn ihr fehlt „die
innere Heiligung, der lebendige Glaube, die Versöhnung
mit dem ganzen Leben". Daher wünscht er ihr „einen
innigen, grossen und heiligenden Beruf, ein Verschmähen
der Sünde ohne Sophisterei, und der Welt ohne Hypo-
chondrie, eine Entzückung zu Visionen ohne Hysterie, den
Verlust des Talentes, alles verstehen und dulden zu
können, einen inneren Abscheu gegen alles, was, und wäre
es auch auf eine graziöse Weise, ausser dem Gesetze des
Herrn lebt, eine innere Busse aller eigenen Schuld, und
ein Ausschliessen des zierlichen Teufelsadvokaten, aus der
Rechtfertigung Ihres eigenen Lebens." [1])
Wer wollte leugnen, dass in dieser Kritik Brentanos
etwas Wahres liegt? Dem Dichter mag ähnliches vor-
geschwebt haben wie Gottfried Keller, als er in einem
Briefe an Emil Kuh sein scharfes Urteil über Rahel fällte. [2])
Rahel war durch den Kultus, der mit ihr getrieben wurde,
zu einem gesteigerten Selbstgefühl und einer wohlgefälligen
Selbstbespiegelung getrieben worden, die auch den heutigen
Leser ihrer Briefe nicht angenehm berührt. Sie war zer-
rissen und zwiespältig, uneins mit sich und der Welt,
weil sie, der romantischen Ichtheorie getreu, ihre ganze
Weltanschauung auf ihr Innenleben gründete und keine
bestimmte, positiv gegebene äussere Grundlage an-
nehmen konnte und wollte. Sie gleicht dem heutigen
modernen Menschen, der aus ähnlichen Gründen der Deka-
denz verfällt. In ihr war etwas Dekadentes. Dies hatte

---

[1]) Biogr. Porträts S. 112.   [2]) Bächtold, Gottfried Keller III, 187.

Brentano richtig erkannt. Allein, ob er das Recht hatte, dies so unumwunden und in so taktloser Weise ihr gegenüber zu äussern, ist dennoch zweifelhaft. Gerade eine so sensitive, auf sich allein und den Glauben an sich gestellte Natur, wie Rahel war, hätte zarter angefasst werden müssen. So ist es denn nicht zum Verwundern, dass sie verletzt und erzürnt den Verkehr mit ihm abbrach. Sie verstanden sich nicht. „Ich habe ihm den Handel aufgesagt," schrieb sie an ihre Schwägerin. Sie verlangte von ihren Freunden „eine gewisse sittliche Sicherheit und gesellige Artigkeit", die sie bei Brentano nicht fand. Bald nannte er sie seine beste Freundin, bald beschimpfte er sie und „sprach ihr jede menschliche Eigenschaft ab".[1] Clemens meinte es zwar auch jetzt nicht böse und versicherte, sie missverstehe ihn. Doch nun war er Rahel unleidlich geworden, und als sie im Jahre 1815 einen seiner Brüder in Gesellschaft traf, da weckte sein Benehmen nicht sowohl ihre alte Zuneigung zu Brentano als ihren Widerwillen. Denn bei ihm fand sie die Fehler wieder, die ihr Clemens entfremdet hatten, und energisch wandte sie sich von ihm und Bettinen ab. „Hat mir doch Clemens und Bettina die ganze angeborene Liebe für sie ganz ausgerissen. Sie gefallen mir nicht mehr."[2]

Völlig erstorben war indessen ihr Interesse an Brentano nicht. Vierzehn Jahre später, im Jahre 1829, besuchte Varnhagen seinen ehemaligen Freund in Coblenz. Mit der alten Teilnahme erkundigte sich der sonst so veränderte Dichter nach dem Ergehen und Wirken Rahels. Bei dieser erweckte die Schilderung von Brentanos Geisteszustand die lebhafteste Teilnahme. Was ihr Varnhagen über dessen „gedrücktes Dasein" schrieb, gab ihr Anlass zu psychologischen Betrachtungen. Der Mensch soll nach ihrer

---

[1] B. R. II, 165.   [2] B. V. u. R. IV, 304.

Überzeugung den herben Kelch des Lebens tapfer leeren. Nur so kommt er dazu, das Süsse zu kosten, das in jedem bitteren Tropfen enthalten ist. Nur durch den Kampf erstarkt der Mensch zum grossen, sittlichen Charakter. Wer ihm feige ausweicht, das Unangenehme umgeht, erschlafft wie Brentano. Die Trägheit seines Charakters war sein Schicksal. Auch sein Versinken im Katholizismus war in ihren Augen sittliche Faulheit, durch die er mehr und mehr verkommen musste.[1])

So verliefen trotz der Sympathie Rahels für Brentano ihre gegenseitigen Annäherungsversuche resultatlos und machen einen mehr peinlichen als erfreulichen Eindruck. Noch weniger schien eine Harmonie möglich zu sein zwischen Rahel und Bettina. Rahels „sie gefallen mir nicht mehr!" galt Bruder und Schwester. Überdies war auch von Bettinas Seite ein freundliches Entgegenkommen nicht zu erwarten; denn sie teilte Arnims und Brentanos Antipathie gegen die Juden. Sie hatte deshalb, wie Clemens, ein schlimmes Vorurteil gegen Rahel und liess sich dadurch lange abhalten, diese näher kennen zu lernen. Auch spielte zwischen den zwei Frauen die Eitelkeit eine Rolle. Sie waren Rivalinnen. Die beiden Sterne der schöngeistigen Berliner Gesellschaft suchten sich gegenseitig zu überstrahlen. Beide zogen die bedeutenden Männer an, jede auf ihre Weise, und wenn dies nun Bettina bei einigen leichter gelang, so konnte Rahel ihren Neid nicht ganz unterdrücken. Ihr Ärger über den Erfolg Bettinens klingt deutlich durch in den Briefen an Varnhagen. Dieser überbot seine Gattin in der Herabsetzung ihrer Nebenbuhlerin; denn der Gedanke, dass ein anderes weibliches Wesen an seine Rahel heranreiche, war ihm unerträglich. Deshalb urteilte er über Bettina hart und lieblos, als Rahel ihm mitteilte, Ranke sei von

---

[1]) B. V. u. R. VI, 391.

Frau von Arnim bezaubert, während er sie vernachlässige.
Er schalt Bettina eine schamlose, freche Lügnerin, die es
bei ihm ganz und gar verspielt habe.[1]) Später wendete
sich das Blatt. Während einer längeren Abwesenheit
Varnhagens fanden sich die beiden Frauen. Rahel war
für Bettinas Freundlichkeit leicht zugänglich. Sie hatte
immer die liebenswürdigen Eigenschaften der Geschwister
Brentano geschätzt und es bedauert, dass ihre glänzenden
Gaben durch einige Schatten verdunkelt wurden. Wie sie
Varnhagen schreibt, besuchte Bettina sie häufig und er-
freute sie durch Äusserungen wärmster Sympathie und Anerkennung. Rahel ergeht sich in den detailliertesten
Schilderungen ihres Zusammenseins, und voller Stolz,
Bettinens Herz endlich errungen zu haben, sendet sie
dem Gatten als Beleg ihres intimen Umganges zwei
Billette der neuen Freundin, worin diese ihren Geist und
ihre Güte preist. Auch die Briefe Bettinas an Rahel sind
ein Zeugnis ihres vertraulichen Verkehrs.[2]) Gern be-
gehrte Bettina den Rat der älteren Freundin und erkannte
den Gewinn, den sie aus ihrem anregenden Umgang zog.
Rahel nötigte sie, die noch unentwickelten Anlagen ihres
Wesens klar zu erkennen und wurde ihr so zur fördernden
Lehrerin. Auch mit Varnhagen stand sie nun auf gutem
Fusse. Sein Urteil lautete jetzt mild, entschuldigend, ja
enthusiastisch. Nach Rahels Tode sah Bettina in ihm einen
treuen Freund und Berater. Als Witwe wandte sie sich in
schwierigen Angelegenheiten an den klugen Weltmann.

---

[1]) B. V. u. R. VI, 154.

[2]) Die Briefe Bettinas an Rahel und Varnhagen sind unter dem
Titel „Briefe von Stägemann, Metternich, Heine und Bettina v. Arnim"
durch Ludmilla Assing veröffentlicht worden. Eine genaue Ver-
gleichung mit den Originalen hat keine wesentlichen Differenzen ergeben, so dass die Arbeit der Herausgeberin als eine gewissenhafte
und treue bezeichnet werden darf.

Aus Varnhagens Aufzeichnungen ist zu ersehen, dass seine Freundschaft nicht so aufrichtig war, wie das ihm entgegengebrachte Vertrauen. In kleinlicher, klatschsüchtiger Weise trug er alles Nachteilige, das er von Bettinas Aufführung erfahren konnte, zusammen, und wenn er hie und da die seltene Frau anerkennt, so macht dies neben den anderen Äusserungen den Eindruck unwahren, heuchlerischen Lobes. In ihren Briefen an Varnhagen gedenkt Bettina der verstorbenen Rahel in liebevoller Erinnerung. Sie rühmt ihre Güte, ihre Grossmut, den Reichtum ihres Innern, ihr Eingehen in das Individuelle und die daraus resultierende Nachsicht mit den Schwächen anderer. Inniger, verständnisvoller hat wohl niemand für das „Buch Rahel" gedankt als sie in ihrem Briefe an Varnhagen vom 5. August 1833: „Rahel verdient dies Totenopfer. Sie haben durch dieses Buch bewirkt, was ihres Lebens angelegte Zwecke waren, nämlich Vertrauen, verwandte Geistesliebe, Genuss ihres herrlichen Gemüts; tausend Blüten solcher Liebe werden durch dies Buch erschlossen, die sonst nie hervorgekeimt wären; ja und dass ich dies einfache Bild brauche: wie andere die Grabesstätte mit Blumen bepflanzen, so haben Sie diese kräftigen geistigen Pflanzen, am Grabe zwar, aber ohne Umzäunung gesetzt, sie werden ihren Samen weitertragen und ohne End' blühen. Wie soll ich sagen? Die Liebe zu dem liebevollen Geist, der in diesem Buche waltet, wird sich vermehren und ausbreiten, wie die einfachsten Wiesenblumen; und denken Sie sich den Geist Ihrer Frau, der zu diesen Blumen herablächelt."[1])

In solch liebevoller Weise urteilte Bettina über Rahel. Rahel ihrerseits, nachdem sie den Weg zu Bettinens Herzen gefunden, bewunderte neidlos ihren sprühenden, funkelnden Geist. Sie fühlte sich von ihr erfrischt und wollte

---

[1]) Briefe von Stägemann, Metternich, Heine u. Bettina v. Arnim. Leipzig 1865. S. 319.

ihr nicht mehr den Rang ablaufen. „Ich will nicht brillieren,
ich will Blitzendes sehen." [1]) So ergänzten sich nach Be-
siegung aller Vorurteile und Eitelkeiten die beiden Naturen
zu harmonischem Zusammenklang, und ob die Welt sich
weiter streiten mochte, welche von ihnen mehr zu schätzen
sei, sie selber, Bettina und Rahel, hatten sich in gegen-
seitiger Anerkennung vereinigt.

Unter den Vertretern der späteren Romantik fand Rahel
einen begeisterten Verehrer in Fouqué. Sie lernte ihn
zuerst als Dichter, dann als Menschen kennen. Sie las
seinen „Galmy" und seinen „Sigurd", und beide Werke
fanden ihren Beifall. Wie hoch sie „Sigurd" schätzte, ist
bei der Darstellung ihrer literarischen Beziehungen zur
Romantik nachgewiesen worden. Die Lektüre dieses Buches
erregte in ihr den Wunsch, mit dem Dichter in persönliche
Beziehung zu treten. Die Vermittlung übernahm Varnhagen,
Fouqués Genosse im Nordsternbund. Er sandte dem Freunde
Rahels begeistertes Lob seines Sigurd, und im März 1809
besuchte Fouqué Rahel zum ersten Male in Berlin. Der
gegenseitige Eindruck war günstig, so dass sich an diesen
Besuch ein ziemlich reger Briefwechsel knüpfte. Fouqué
empfand das Bedürfnis, der stärkeren Freundin das Herz
zu öffnen. Wie Marwitz, Varnhagen und Prinz Louis
Ferdinand fand er an ihrer kraftvollen Individualität eine
Stütze. Er zeigt in seinen Briefen ein fast weibliches An-
lehnungsbedürfnis und erzählt ihr das grösste und das
kleinste aus seinem Leben. Er schildert und erklärt ihr
seinen Hang zur Einsamkeit, seine gesellschaftliche Un-
beholfenheit und spricht in begeistertem Lobe von seinem
Erzieher, dem Grafen v. Schmettau, dessen reine Liebe
zu seiner Mutter der Welt Anlass gab, ihn für seinen
Vater zu halten. Er weiht sie ein in seine Vatersorgen

[1]) B. V. u. R. VI, 282.

und Vaterfreuden, in den Gang seiner dichterischen Produktion,
in die religiöse Entwicklung, die er durchgemacht hat, und
gibt ihr den grössten Beweis des Vertrauens, indem er, der
Gatte und Vater, ihr die Liebe zu einer verheirateten Frau
entdeckt, die er als Idealbild im Herzen trägt. Wir lernen
Fouqué aus diesen Briefen kennen als die lebendige Ver-
wirklichung seiner idealen Rittergestalten. Sein Wahlspruch
lautet:

> „A Dieu mon âme,
> Ma vie au Roi,
> Mon cœur aux Dames,
> L'honneur pour moi."

Sein Verhältnis zu Gott, zu König und Vaterland und zu
den Frauen ist ganz und gar mittelalterlich. Fouqué ist
gläubiger Christ. Von seiner Jugendzeit spricht er als von
der Zeit des Irrens. Damals suchte er noch sein Heil in
kühnen menschlichen Gedanken, in philosophischen Systemen.
Er ging an das Christentum heran aus poetischem Interesse,
um eine romantische Mythe kennen zu lernen, und fand
die Wahrheit. Jetzt hat er die „individuelle Schlange" in
seiner Brust getötet und sich in den Willen Gottes ergeben.
Er sucht nicht mehr und forscht nicht mehr, er ist im
seligsten Besitz und Genuss des Heils. Neben der Bibel
bietet ihm die höchste Erbauung Jakob Böhme, den er auch
Rahel zugänglich zu machen hofft. — Fouqué ist begeisterter
preussischer Patriot, der für König und Vaterland sein
Blut vergiessen möchte. Angeleitet von Schmettau hat er
sich in eine ideale Ansicht vom Kriegerstande hineingelebt
und spricht davon stets in jugendlichem Enthusiasmus.
Seine Liebe zu den Frauen ist die des Ritters zu seiner
Dame. In reiner Minne, ohne Begehren, sieht er zu der
Geliebten auf als zu einer Heiligen.

Kein Wunder, dass Rahel, die kräftige Persönlichkeit,
die an das Leben reale Anforderungen stellt. an dem

träumenden, in einer vergangenen Welt lebenden Ritter manches zu tadeln und zu erziehen findet. Sie ist mit seinem Hang zur Einsamkeit nicht einverstanden, auch nicht, wenn dieser das Resultat eines grossen Schmerzes ist. Der Schmerz soll den Menschen nicht „wegdrücken", er soll uns „bekräftigen, erfrischen, erneuen, urbar machen zu allem".[1]) Der menschliche Umgang ist in ihren Augen Lebensbedingung, namentlich für den Dichter. „Ihnen fehlt das Leben innerhalb der fünf Sinne", schreibt sie ihm, „das nähere, täglich emotionierende, blutumtreibende, wortausstossende und gestaltvollere lebendige Gedanken absetzende."[2]) Damit weist sie unumwunden hin auf Fouqués Schwäche. Fernab vom Getriebe der Welt lebend, hat er keinen lebendigen Kontakt mit den Menschen; darum schafft er auch keine lebendigen Gestalten. Überhaupt hat Rahel kein Verständnis für einsiedlerische Neigungen, sie, deren Beruf die Geselligkeit ist. Mit einem energischen „Sie sollen kein Eremit sein! ich habe keinen Sinn dafür! — nur für Eremiten-Gedanken mitten unter Menschen!"[3]) weist sie den neugewonnenen Freund zurecht. Sympathischer ist ihr seine Vaterzärtlichkeit. Sie ist selber eine leidenschaftliche Kinderfreundin und findet deshalb Geschmack an Fouqués Berichten über sein Töchterchen Marie. Wenn er ihr aber die religiöse Erziehung der Kleinen schildert, dann ist sie nicht einverstanden. Nach ihrer Ansicht sollen die Kinder die Bibel nicht lesen, das läuft Rahels ganzem religiösen Denken und Fühlen zuwider. Die Offenbarung soll sich der junge Mensch nicht von aussen aufdringen lassen, sie soll in seinem Innern erstehen. Über dieses Thema entspinnt sich zwischen Fouqué und Rahel eine interessante Diskussion. Der Vater will sein Kind vor den Irrungen bewahren, die er durchgemacht hat,

---

[1]) B. R. I, 439.   [2]) B. R. I, 440.   [3]) B. R. I, 440.

indem er es von Anfang an zu der rechten Quelle hin-
leitet; für Rahel führt der Weg dahin durch Kampf, den
jeder Mensch für sich allein durchbringen muss. Fouqué
ist der durch den Glauben schon erschlaffte Repräsentant
der Spätromantik, Rahel ist noch immer die kühn strebende
Vertreterin einer früheren schönen Periode der Romantik.
Zwischen ihnen gibt es keine Einigung; auch der von
Fouqué gepriesene Böhme scheint auf Rahel keinen über-
zeugenden Eindruck gemacht zu haben. Wenigstens hören
wir nirgends eine derartige Andeutung, obschon Fouqué
ihr die Werke des Theosophen mit grossen Hoffnungen
auf eine gegenseitige geistige Annäherung übersandte.

Der Gegensatz zwischen beiden Naturen zeigt sich in
interessanter Weise auch in der Art, wie Rahel Fouqués
Liebesbekenntnis aufnimmt. Schüchtern und verschämt
gesteht der Dichter, dass eine lichtvolle Erscheinung als
holde Muse in sein Leben getreten sei. Verliebt will er
nicht sein. Das Gefühl, das ihn erfüllt, ist reinerer,
höherer Art. Er begehrt die Geliebte nicht mehr zu sehen,
ihre leibliche Gegenwart ist ihm nicht Bedürfnis. Ein
schmerzloses Entsagen klingt aus seinen Worten. Rahel
fasst die Sache von ihrem hedonistischen Standpunkte
ganz anders auf. Warum entsagen? Glücklich der, welcher
Liebe empfinden kann! Er soll sich ihrer nicht schämen,
auch wenn sie nicht von den Verhältnissen begünstigt und
sanktioniert ist. „Könnt' ich Sie nur für verliebt halten!
— was sie mir verbieten — von der Liebe kann man
nichts Absurdes sagen. sagt Chamfort", [1]) ruft sie ihm zu,
und nach einer prächtigen Lobpreisung der Liebe: „Ich
freue mich, dass Sie von dem Zauber getroffen sind.
Ohne das Glück, namenlos zu lieben, ist die Erde mir
ein unverständlicher, ängstlicher Klumpen." [2]) Viel kräftiger,

[1]) B. R. I, 553.   [2]) B. R. I, 554.

tiefer, freier, ehrlicher klingen ihre Worte, als die zage, jünglinghafte Gefühlsäusserung Fouqués. Wenn dieser von äusseren Hindernissen, wie Entfernung usw., spricht, die ihn von der Geliebten trennen, so lässt dies Rahel nicht gelten. Er soll hinreisen, er soll sie nicht verzagt aufgeben und sich mit der blossen Vorstellung des Schönsten „abängstigen und ableben", wo ihm die Wirklichkeit Lebenstau bieten könnte. Hier hören wir die romantische, glücksdurstige Fürsprecherin der Liebe, die keine Schranken kennt dem Rechte des Herzens gegenüber.

Verschieden wie das Innenleben, ist auch die Ausdrucksweise der beiden Schreibenden. Rahel selber charakterisiert treffend den Unterschied: „Wie exerzierte Soldaten mit schönen Uniformen steht alles von Ihnen da; und meine Worte, wie die zusammengelaufenen Rebellen mit Knitteln!"[1] Gewiss, Fouqués geordnete Soldatenreihen machen einen harmonischeren Eindruck als Rahels Rebellen; aber diese sind interessanter, individueller. In wohlgefügten Perioden fliessen Fouqués Gedanken dahin. Da ist nichts der Korrektur oder Ergänzung Bedürftiges. Man merkt, dass der Schreibende in einsamer Abgeschlossenheit, arm an neuen Eindrücken, Zeit und Musse hat, jedes Gefühl, jeden Gedanken sich ausleben zu lassen und in möglichst adäquater Form sprachlich zum Ausdruck zu bringen. Der Lesende hat nichts zu erraten und nichts zu Ende zu denken, Phantasie und Verstand bleiben bei der Lektüre von Fouqués Briefen rein rezeptiv; darum möchte man oft schneller vorwärts eilen als der Schreibende, ungeduldig sucht man nach neuen, anderen Gedanken. Ganz anders schreibt Rahel. Ihre Gedanken und Gefühlsfragmente brechen heftig, beinahe gewaltsam hervor. Sie ist so reich an inneren Schätzen, dass sie sie ungezählt und ungeordnet

[1] B. R. I, 585.

hervorwirft. Für den oberflächlichen Leser ist es oft schwer, aus dem Gebotenen einen Sinn herauszufinden. Wer sich aber tiefer in ihre Briefe hineinliest, der findet eine Fülle origineller Gedanken, bei denen er gern verweilt, und wir begreifen es, wie formgewandte, aber gedankenarme Schriftsteller, wie ein Fouqué und ein Varnhagen, in Rahel ihre Ergänzung fanden. Fouqué ist denn auch Rahel dankbar und zeigt sich in überschwenglichem Lobe für ihre Briefe erkenntlich. Weniger erbaut ist nach den ersten Frühlingstrieben der jungen Freundschaft Rahel. Sie fühlt sich bald ernüchtert und lässt sich durch die schmeichelhaften Äusserungen Fouqués nicht bestechen. Schon im Jahre 1812 schreibt sie Varnhagen: „Fouqué sah ich viermal; er veralbert sich ganz. Trotz seines Lobes, welches er mir zukommen lässt, muss ich's finden und Dir sagen."[1] Sie beklagt sich, dass er trotz seiner Briefe, mit denen er ihr „ernste, gutgemeinte Antworten abgepresst", nichts mit ihr spreche. Seine Äusserungen über Goethe empören sie. Wenn Fouqué behauptet, Goethe habe keine Religion, so schiebt er damit „eine unverständliche Welt" zwischen sie beide und bewirkt, dass auch Rahel „perplex in Stummheit sinkt". Von Fouqués Christentum spricht sie höchst verächtlich. Es ist in ihren Augen beschränkt und eigensinnig und weit entfernt von wahrer Religion.[2]

Es ist also leicht begreiflich, dass ein regelmässiger brieflicher Verkehr zwischen zwei so verschiedenen Naturen nicht lange Bestand haben konnte. Der Krieg brachte eine Unterbrechung, und die Beziehungen zwischen Rahel und Fouqué wurden nachher nicht mehr in der alten Herzlichkeit angeknüpft. Die Korrespondenz schweigt ganz bis zum Jahre 1823. Die alte Freundschaft, welche Fouqué und Varnhagen verband, gab wieder Anlass zu vereinzelten schriftlichen Mitteilungen, die jedoch weit entfernt waren

[1] B. V. u. R. II, 233.   [2] B. V. u. R. II, 233.

von der Vertraulichkeit der früheren Herzensergüsse. Im Jahre 1829 wandte sich Fouqué, um Stoff für seine Berlinischen Blätter verlegen, mit der dringenden Bitte um einen Beitrag an Varnhagen. Dieser sandte ihm eine Sammlung Rahelscher Aussprüche, die er aus Briefen und Tagebuchblättern sorgfältig herausgeschrieben hatte. Mit Freuden griff Fouqué nach der originellen Gabe und veröffentlichte sie mit dem schon zitierten schmeichelhaften Motto in seinem Journal. Das gegenseitige Verhältnis blieb aber trotz dieser literarischen Annäherung ein kühl freundschaftliches. Die Korrespondenz beschränkte sich auf einige von Ehrfurcht und formeller Höflichkeit diktierte Schreiben des Dichters, der nun den gichtkranken Ritter hervorkehrt, welcher in seinen Kavalierspflichten durch die Gebrechen des Alters gehindert ist. —- Die Freundschaft zwischen den zwei grundverschiedenen Menschen klingt aus in einen fremdfreundlichen Ton. Der Enthusiasmus Rahels für den Verfasser des Sigurd ist nach und nach erloschen im Verkehr mit dem Menschen Fouqué. Beide sind mit der Romantik verknüpft, allein ihre Weltanschauung war so verschieden wie Morgen und Abend, wie der jugendlich strebende Friedrich Schlegel und der spätere reaktionäre Konvertit desselben Namens.[1])

Als die Träger der romantischen Ideen ihre geistige Schwungkraft verloren hatten, da wandte sich die nimmermüde alternde Frau dem neu aufstrebenden Geschlechte zu. Um sie sammelte sich ein Kreis jugendlich gärender Talente, unter denen sie gleichgesinnte Freunde und Anhänger fand. Sie wurde die Lehrerin Jungdeutschlands.

[1]) Während Rahels Äusserungen über Fouqué ihren im Buche „Rahel" und im Briefwechsel Varnhagen-Rahel veröffentlichten Briefen entnommen wurden, sind Fouqués Briefe an Rahel, die uns einen klaren Einblick in das Verhältnis zwischen den beiden gewähren, ungedruckt.

Schluss.

Die vorliegende Arbeit wollte die Stellung fixieren, die Rahel zur Romantik eingenommen hat. Das Ergebnis ist zum Teil ein negatives, indem wir Rahel nicht in allen Punkten als Romantikerin fassen dürfen. Das positive Resultat soll in folgendem ganz kurz zusammengefasst werden.

Rahel teilte mit der Romantik vor allem den Individualismus und die daraus entspringenden sozialen Ideen: freie Liebe und Frauenemanzipation. In religiöser Beziehung war Rahel ebenfalls Individualistin im Sinn und Geiste Schleiermachers. Sie fordert, dass jeder Mensch seine eigene Offenbarung habe und sich nicht der allgemeinen Tradition unterwerfe. Politisch ist sie durch ihre freiheitlichen Ideen mit der Frühromantik verknüpft und steht mit ihr auf dem Plan im Kampfe für die Unabhängigkeit des Vaterlandes. Auch in Literatur und Kunst lassen sich zwischen ihr und den Romantikern deutliche Berührungspunkte finden. Sie wirkt durch Aphorismen, wie Novalis und Friedrich Schlegel, sie hat dieselben dramaturgischen Bestrebungen, wie Tieck. Als begeisterte Goethe-Verehrerin und Gegnerin Schillers gehört sie ebenfalls ins romantische Lager.

So ist sie mit tausend Fäden verknüpft mit der Jugendepoche der Romantik. Dies erklärt sich leicht aus ihrer Umgebung. Mit Friedrich Schlegel, Tieck, Brentano, Bettina stand sie in freundschaftlichen Beziehungen, und ihr Gatte Varnhagen selbst war ein Abkömmling der romantischen Schule.

Als die Romantik sich überlebt hatte, sogar in ihren Urhebern, da wirkten ihre Ideen fort in Rahel. Bei ihr fanden sie die Jungdeutschen, von ihr vernahmen sie die verklungenen Töne wieder, die Schlegel und seine Genossen einst begeistert angestimmt hatten. Was wir an romantischen Gedanken in den Werken der Jungdeutschen finden, ist ihnen zum Teil durch Rahel überliefert worden. Ihre literarische Bedeutung liegt hauptsächlich darin, dass sie die Vermittlerin gewesen ist zwischen Romantik und Jungdeutschland.